成功している
ファミリービジネスは
何をどう
変えているのか？

矢部謙介
小河光生 著

同文舘出版

はじめに

日本には、業歴が100年を超える、いわゆる老舗企業が2万社以上あり、世界的に見ても日本は、ファミリービジネス（FB）大国であると言われている。[1] ファミリービジネスの定義は様々だが、さしあたり本書では創業家が経営に関与し、かつ株主でもあるオーナー企業をファミリービジネスと呼ぶことにしよう。

こうしたファミリービジネスに対して、日本ではどのような捉え方をされているだろうか。伝統的、信用があるといった肯定的な見方もあるだろうし、保守的で変化に弱いという印象もあるかもしれない。また、ファミリーによる経営という観点からすれば、大王製紙事件などのように、オーナー経営者の暴走を止められずに発生した不祥事を思い浮かべられる方もいらっしゃるだろう。どちらかと言うと、日本では、所有と経営が一致していることによって、オーナーが会社を私物化する、というネガティブなイメージが強いのかもしれない。

一方、外国人投資家からは、オーナー経営の利点を指摘する声も聞かれる。例えば、2014年8月14日付日本経済新聞朝刊では、「創業経営者好む外国人」という記事が掲載されている。[2] これによると、イギリスの複数の機関投資家は「サラリーマン経営よりもオーナー経営を重視したい」と語っているという。これらの機関投資家は、オーナー経営の

1　企業信用調査会社の帝国データバンクによる。
2　2014年８月14日付日本経済新聞朝刊第16面。

利点として、次の3点を挙げていた。

① 決断が早い

② 会社の大株主なので、投資家と利害が一致する

③ 生涯現役の場合が多く、長期の視点で経営できる

また同記事では、オーナー企業の株価パフォーマンスが高いとも指摘している。株式の保有時価が100億円を超えるオーナー経営者がいる企業134社の平均株価の方が、日経平均株価のパフォーマンスよりも高いというのである。こうした高い株価パフォーマンスは、先ほどのようなイギリスの機関投資家の見方を肯定する証拠となっているように思われる。

外国の機関投資家たちが指摘するオーナー企業の経営上の利点は、先ほど挙げたファミリービジネスに対するネガティブな見方と表裏一体を成しているのではないだろうか。決断が早いというのは、オーナー経営者の権限が強いために意思決定のスピードが早いことを示しているが、一方でオーナー経営者が暴走する危険性をはらんでいるということにつながるだろう。また、オーナー経営者と投資家の利害が一致する一方で、所有と経営が一致することによりオーナー経営者に対するけん制が機能せず、会社の私物化に結びつく可能性もある。また、長期の視点での経営は、短期的な環境変化に対する対応の弱さにつな

がるかもしれない。

こうしたことを考え合わせると、ファミリービジネスという経営スタイルそのものの良し悪しを問うことにあまり意味があるとは思えない。むしろ、ファミリービジネスの特質をきちんと捉え、そのメリットを表出化させ、かつデメリットが顕在化しないようにすることこそが重要なのではないかと筆者らは考える。実際、そうすることで高い収益性・成長性を実現し、地域経済にも貢献し、かつ不祥事を起こすことなく堅実な経営を行っている優良なファミリービジネスが数多く存在しているのである。

本書は、2人の筆者によって進めてきたファミリービジネスに関する産学連携プロジェクトの成果物とも言えるものである。筆者らは、現在の主たる職業こそ産学に分かれてはいるが、様々な形で経営コンサルティング業務に従事してきた経験の持ち主である。こうした経営コンサルティング活動を通じて多くのファミリービジネスの経営者、従業員の方々とお付き合いする中で、成功しているファミリービジネスの多くは、変革することを厭わない企業であることを経験的に感じとってきた。さらに、今回のプロジェクトを通じて多くのファミリービジネス経営者の方とディスカッションする中で、ファミリービジネスが存続・永続するためには、ファミリービジネスが自分自身を変えていかなければならない、という確信を得るに至った。本書のタイトルが、『成功しているファミリービジネスは何をどう変えているのか?』となっているのは、以上のような理由によるものである。

本書の特徴は2つある。1つは、先進的なファミリービジネスの事例を数多く取り上げ

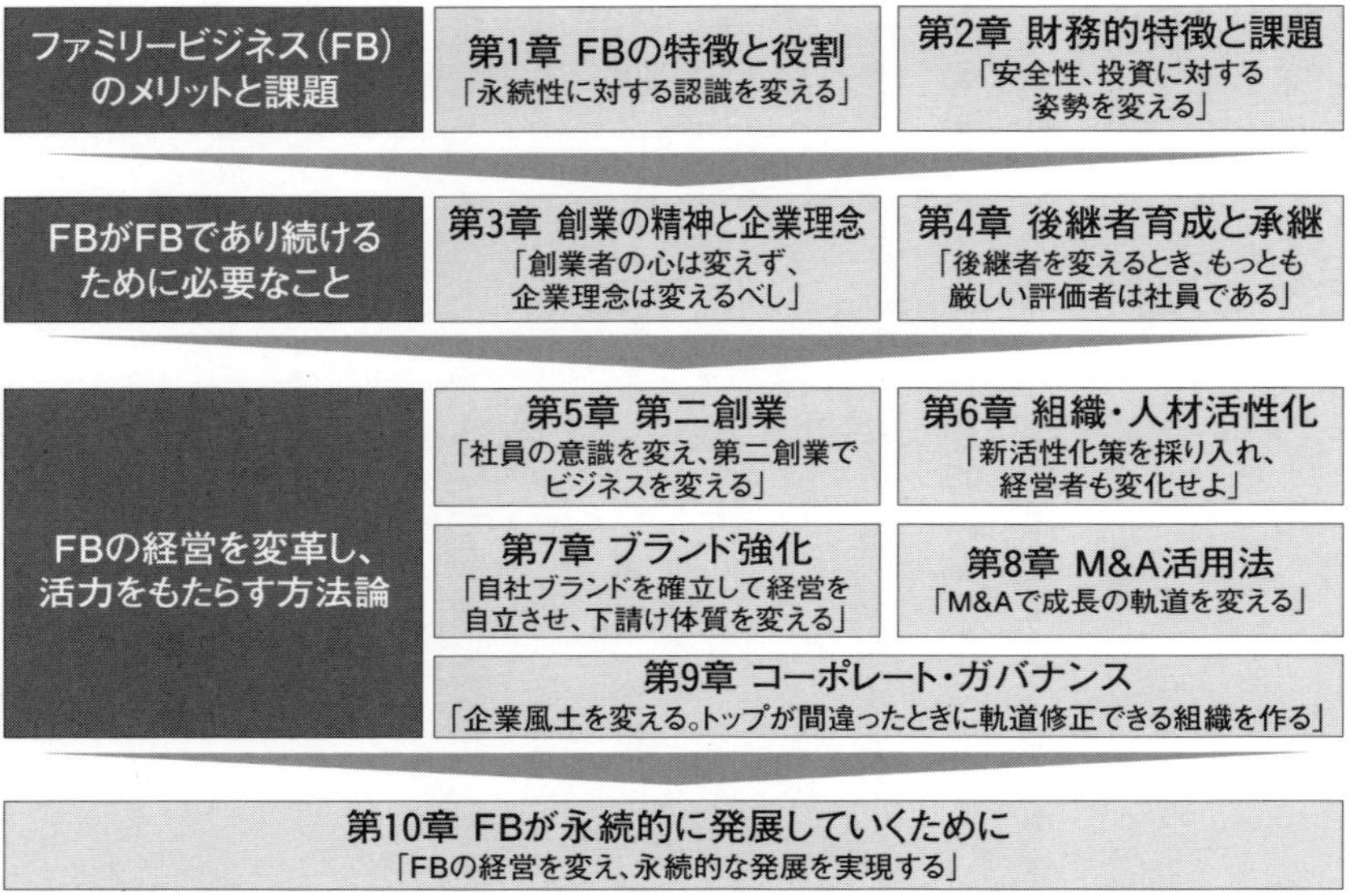

図表A◆本書の構成

ている点である。特に、いくつかの章でメインとして取り上げた10社のケースの多くにおいては、筆者らがそのファミリービジネスの経営者層と直接ディスカッションし、そこで語られたストーリーをできる限りリアルに書き込むよう心がけた。ファミリービジネスを経営していくにあたっては、経営の現場において日々起こっていることに対応するために、経験・実践の中で紡ぎ出される知恵、いわゆる「実践知」が重要だと筆者らは考えているからである。書籍において実践知を完全な形で伝えることは極めて難しい作業ではあるが、読者諸氏にはケースを通じてその企業の状況に身を置いていただき、そこでの経験を擬似的にではあっても共有できるよう工夫を凝らしている。いま1つの特徴は、こうしたケースから得られた示唆を、読者の企業において今日から採用して成果につなげることができるよう、実践的な経営施策としてまとめている点である。1つひとつのファミリービジネスの事例はそれぞれの企業における「特殊解」ではあるが、それを様々な企業に適用するための「一般解」に解きほぐすよう気を配っている。

ファミリービジネスの経営において何をどう変えるべきかを考えるにあたり、本書ではそれを大きく3つのパートに分けて見ていきたい（**図表A参照**）。はじめに、ファミリービジネスの経営上のメリットと課題を整理しておく。ここでは、ファミリービジネスが経済的に果たしている役割、ファミリービジネスならではの経営上のメリットと課題、財務上の特徴とそこから読み取れる課題などについて検討していく。次に、ファミリービジネスがファミリービジネスであり続けるために必要な、家訓・創業者の心や企業理念のあり方、後継者育成と事業承継について何を変えるべきで何を変えるべきではないのかを考えることにする。3つ目のパートでは、ファミリービジネスの経営に対して活力をもたらすために、経営上どのような変革を行うべきかを見ていく。特に第5章～第8章における変革を成功させるためのポイントは、いかに早い段階で実績を作り、社員の求心力を高めていくかにある。加えて、このパートではトップが間違ったときに軌道修正できるようなコーポレート・ガバナンスの仕組み作りについても検討する。これら3つのパートを通じて、本書ではファミリービジネスが永続的に発展していくためには何をどう変えていくべきかなのかを考えていきたい。

本書の想定している読者層は、ファミリービジネスの経営者・後継者・従業員、ファミリービジネスを顧客とする税理士・公認会計士・弁護士、ファミリービジネスと取引のある企業や銀行・信用金庫などの経営者・従業員といった方々である。ファミリービジネスの経営者・後継者やそこで業務に従事している方々に対しては、ご自身の会社の何を変えるべきなのか、どう変えるべきなのかといったことを想定しながら読んでいただきたい。ファミリービジネスを顧客とする方々、ファミリービジネスと取引のある方々については、ファミリービジネスにおける経営はどのようなものなのか、ファミリービジネスおよびその経営者が抱えている悩みや不安は何か、そして、それに対してそれぞれの方々がどのようなアプローチを取るべきなのかを考えながらお読みいただければと考えている。また、優れたファミリービジネスの経営には、ファミリービジネス以外の企業でも参考になる経営上のヒントが数多く含まれている。こうした点にもぜひ着目していただきたい。

本書が多くのオーナー経営者の悩み・不安を解消し、ファミリービジネスの永続的な発展の一助になることが筆者らの願いである。

2014年12月

矢部謙介
小河光生

成功しているファミリービジネスは何をどう変えているのか？◆目次

第4章 後継者の育成と事業承継

第5章 次世代経営者に求められる第二創業
「社員の意識を変え、第二創業でビジネスを変える」――71

第7章 FBにおけるブランドの役割と強化 「自社ブランドを確立して経営を自立させ、下請け体質を変える」

第1章

ファミリービジネス(FB)をあなたの代で潰さないために

「永続性に対する認識を変える」

1-1 ファミリービジネス（FB）は悪なのか？

ファミリービジネス（以下、FB）と聞いて、日本では一般的にどのようなイメージを持たれているだろうか。ここでいうFBとは、創業家一族が経営者・株主として影響を及ぼしているオーナー企業を指す。FBに対して、近年事件となった大王製紙や不二家、あるいは日本ハムのように、企業不祥事の温床と見る向きもあるかもしれない。大王製紙事件は、創業家出身の元会長がグループ会社から不明瞭な借り入れを行い、その資金をカジノ賭博につぎ込むというショッキングなものであった。不二家や日本ハムでは、賞味期限切れの原材料を使用するといった食品偽装が問題になった。

このように、日本ではどちらかと言うと、一族による支配構造に伴うコーポレート・ガバナンス上の問題が指摘されることが多く、FBにはネガティブなイメージが付きまとう。しかし、海外においては、その業績優位性を報告する研究が多く見られ、FBは非FBに比べて収益性が高いとも言われている。[1] コーポレート・ガバナンスの構造に起因する事件の数々は、確かにFBにおける経営上の問題点の一端を示してはいるのだが、それだけを取り上げてFBという経営形態は未成熟であり、同族による経営から脱するべきだという主張は短絡的であると筆者らは考える。FBの経営には、FBならではの特長があり、それを伸ばしながら経営上の問題点を克服することで、FB以外の企業では成し得ないよう

1　こうした実証研究の例については、第2章で詳しく紹介する。

な価値創造を行うことができるのではないだろうか。

1-2 新たな市場創造の担い手としてのＦＢ

●発明は必要の母である

ＦＢならではの特長のひとつとして、新たな市場の創造主となる可能性が高いことが挙げられる。カシオ計算機の創業者の一人であった樫尾俊雄氏は、「発明は必要の母である」という名言を残している。これは、必要が発明を生み出すのではなく、発明によって人々がその必要性に気づき、それを受け入れてくれることを目指す製品開発を行うべきだという考え方を示したものである。こうした、新たな市場を創り出すようなユニークな製品・サービスを生み出している会社には、ＦＢが多いように思われる。

例えば、大阪に小林製薬株式会社（以下、小林製薬）という会社がある。[2] ご存知の方も多いと思うが、小林製薬は医薬品やトイレタリーの製造販売を行う企業であり、創業者一族が株主に名を連ね、創業家出身の小林一雅氏（現会長）と小林章浩氏（現社長）が経営者を務めるＦＢである。トイレタリーはスーパーマーケットやドラッグストア等における目玉商品になりやすく、価格競争が激しい業界として知られているが、その業界にあって、

2　本章における小林製薬の事例は、小林製薬ニュースレター（2012年２月号、2013年９月号）、小林製薬ウェブサイト、日経ビジネス2013年11月４日号68-71ページ（「小林製薬会長小林一雅の経営教室（第１回）」）を基に記述している。

小林製薬は2014年3月期の売上高営業利益率で14・2%、総資産経常利益率（ROA）で11・4%、自己資本当期純利益率（ROE）で10・2%という非常に高い利益率を誇っている。小林製薬が競争の厳しい業界において、これだけ高い利益率を上げられている理由は何だろうか。

筆者らは、小林製薬が新市場創造型商品を市場に投入し、消費者の需要を創造・拡大してきたからこそではないかと考えている。小林製薬のコーポレートスローガンは、「あったらいいなをカタチにする」であり、一雅氏はマーケティングを「市場創造のための活動全般」と捉え、数々の市場創造型商品を世に送り出してきた。小林製薬における商品開発の原点とも言える商品が、1969年に一雅氏が手がけたトイレの芳香消臭剤「ブルーレット」である。当時の日本におけるトイレの水洗化率は20%程度であり、トイレにおカネを掛ける習慣がない中、一雅氏は将来的にトイレが水洗化された快適な空間になることを確信し、周囲の反対を押し切ってこれを商品化した。結果として、この商品は大ヒットすることとなる。当時、同様の商品は他に存在せず、シェア100%からの出発であった。世の中にはまだないけれども、きっと需要を創り出すことができるという信念がこの商品を生み出したと言えるが、こうした商品を発売することができたのは、小林製薬がFBであり、経営者が思い切った意思決定をできる環境にあったからだろう。FB以外の会社であれば、このような製品の発売はリスクが高いと判断され、陽の目を見なかった可能性が高い。その後も、小林製薬は「サワデー」や「アイボン」、「熱さまシート」といった製品をヒットさせるが、これらはすべて市場創造型製品である。こうした製品開発には、会長や社長を含む経営トップの目利きが活かされている。

オンリーワン企業になるために

こうした事例は小林製薬だけに限ったことではない。ボンカレーやオロナミンC、ポカリスエットやカロリーメイトといったこれまでにない製品をヒットさせた大塚製薬（大塚ホールディングス）や、宅急便によって人々にモノを送るという習慣を定着させたヤマト運輸（ヤマトホールディングス）もＦＢであった。オーナーとしての経営者がこだわりを活かせるＦＢであるから、こうしたユニークな企業が育ったのではないだろうか。また、規模をいたずらに追いかけず、新たな市場を開拓してきたからこそ、これらのＦＢはオンリーワン企業になることができたのである。多くの指摘が示すように、ＦＢには経営者による企業の私物化、ワンマン経営がもたらす弊害、後継者不足による事業継続性の問題が発生する可能性があるものの、長期的な視点に立った経営、意思決定スピードの速さ、創業家の経営理念を浸透させた経営といった強みがある。市場が成熟化し、様々な商品がコモディティ化する時代だからこそ、市場そのものを創り出すようなユニークな企業が必要なのである。こうした新たな市場創造の担い手として、ＦＢが果たす役割の重要性が見直されるべきだと筆者らは考えている。

1-3 FBが地域経済を救う

●地域経済に対していかにして貢献するか？

ＦＢの中には、上場して全国区となっている企業も多数存在するが、ＦＢのほとんどは地域に根ざした企業である。こうしたＦＢは地域とともに育ち、地域とともに生きているからこそ、地域経済に対するインパクトは非常に大きい。ここでは、いくつかの企業の事例から、ＦＢと地域経済の関わりについて考えてみたい。

岐阜県中津川市にある株式会社加藤製作所（以下、加藤製作所）は、３６５日稼働する「コンビニ工場」を実現した例として知られている。[3] 加藤製作所は、現社長である加藤景司氏の曾祖父である加藤幸次郎氏が１８８８年に始めた鍛冶屋に端を発し、現社長が４代目にあたる金属プレス加工メーカーである。加藤製作所が製造する製品は、自動車、航空機、家電製品などの金属部品である。２０００年代に入ったころ、加藤製作所では、受注こそ多いものの、低コストと短納期を両立しながらいかにして利益を上げるのかという問題に直面していた。この当時、専務であった景司氏の思いついたアイディアは、高齢者により土日の工場を稼働させるというものであった。土日も工場が稼働できれば、工場稼働率を上げ、さらに納期対応もしやすくなる。そこで、加藤製作所は高齢者限定の求人広告

3　本章における加藤製作所の事例は、加藤景司『「意欲のある人、求めます。ただし60歳以上」－日本一の高齢者雇用企業・加藤製作所、躍進の秘密－』（PHP研究所、2013年）を基に記述している。

を打ち、土日に工場で働いてもらうという取り組みを始めたのである。ＯＪＴの難しさなどはあったものの、結果として、この取り組みは成功を収めることとなる。加藤製作所は土日にも工場を稼働できるようになり、現在では高齢者の社員は平日にも勤務するようになっているという。高齢者にとっては、働くことによって経済的なゆとりが生まれ、なにより働くことにより生きがいを見出すことができたのである。これは、自社にとってもプラスであり、高齢者を多く抱える地域の活性化にも貢献する取り組みであると考えられる。現在、加藤製作所では高齢者社員も含めて定年を設定せず、「辞めたくなるまで」が雇用期間となっている。

●ＦＢとまちづくり

地域のまちづくりにＦＢが積極的に関わっている事例も多い。[4] 例えば、北海道小樽市にある北一硝子は、インテリアや観賞用ランプなどのオリジナルガラス製品を販売する会社であるが、早くから小樽の観光需要に着目し、当時まったく店舗のなかった問屋街に出店するとともに、インフラ整備や観光案内マップを整備することで、商業集積に貢献している。30年前にはほとんど皆無であった観光客が、現在では７００万人を超えており、同社の業績だけではなく、地域の雇用創出にも大きく寄与している。また、三重県伊勢市の赤福は、伊勢神宮内宮の門前町であるおはらい町の活性化を図るため、１９９３年の式年遷宮を控えていたころ、単独で１４０億円もの投資を行い、おはらい町の中心部に「おかげ

4　ＦＢとまちづくりに関する事例については、経済産業省による『地域活性化とファミリービジネスに関する報告書』（平成21（2009）、22（2010）年度）を基に記述している。

横丁」を整備した。この140億円という金額は、赤福の過去最高の年間売上高に匹敵する金額であった。その結果、おはらい町の観光客は大幅に増加し、1992年の35万人から、2009年には412万人もの観光客を数えるに至ったのである。こうした集客増の恩恵は、投資主体である赤福だけではなく、地域の土産物店にも及んでいる。

このように、FBが地域に対して貢献しているのは、FB自身が地域とともに生きているという感覚を持ち合わせているからだと考えられる。地域に対する貢献を意識し過ぎるあまりに、自社の経営を疎かにするという本末転倒だけは避けなければならないが、地域にとっても自社にとってもメリットのある、ウィン・ウィンの関係を築けている例も決して少なくない。こうした場合、FBは地域経済にとって、なくてはならない存在になっていると言えるだろう。この根底にあるのは、FBが地元との共存共栄を目指していかなければならないという考え方である。

1-4 日本経済におけるFBの重要性

それでは、日本経済全体として、FBはどの程度の重要性を持っているのだろうか。FBの定義が様々であるため、FBの占める割合に関する正確な統計は存在しないが、中小企業のほとんどがFBであることを考えれば、日本経済に占める中小企業の比率を見ることで、ある程度ＦＢが日本経済に対して持つインパクトを測ることができるのではないだろうか。**図表1−1**は、各種統計において中小企業が占める比率をグラフ化したものである。2013年度版の中小企業白書によれば、中小企業は日本全国の企業のうち、企業数ベースで99・7％を、従業員数ベースで66・0％を占めていることが分かる。また、業種別に見てみると、販売額ベースで小売業の70・9％、卸売業の64・4％が、製造業においては、製品出荷額ベースで49・1％が中小企業によって占められている。

図表1-1◆各種統計での中小企業の占める比率

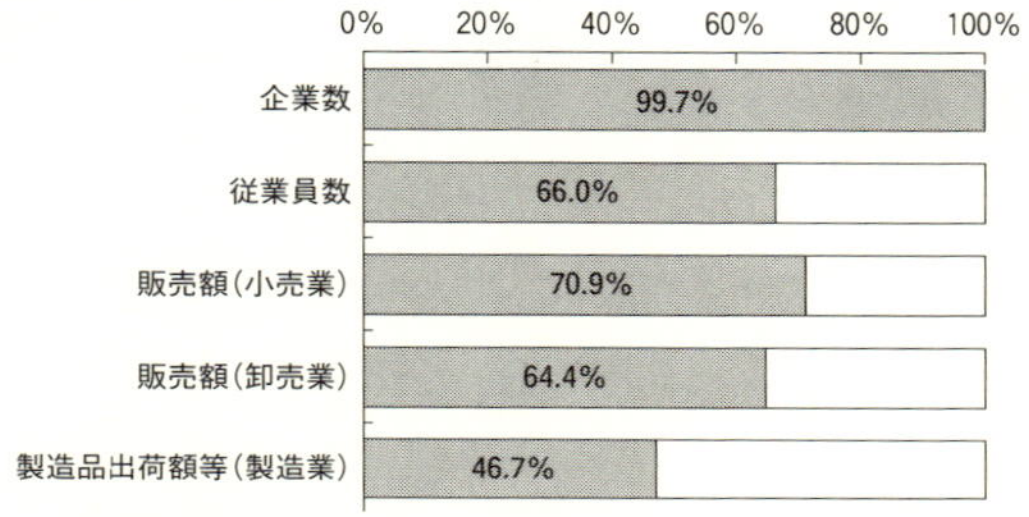

（注）企業数、従業員数は2009年、販売額（小売業、卸売業）は2007年、製造品出荷額等は2011年のデータである。
（出所）中小企業白書（2013年版）、商業統計表（2007年）、工業統計表（2011年）

また、国税庁の会社標本調査結果（平成23年度分）においては、税法上の同族会社の割合が約97％となっている。[5] 税法上の同族会社の定義は、上位3株主とその親族などの持株比率合計が50％を超えるというものであり、広義のＦＢの割合はより大きい可能性が高い。なお、海外におけるＦＢの比率に関する統計に関しては確たるものが少ないが、米国における2000年の調査では、ファミリーが経営に参画し、戦略的な方向性をコントロールしている企業数が全体の89％を占めるという結果が報告されている。[6]

なお、詳細は第2章において述べるが、社歴50年以上の日本の上場企業に限ってみても、創業者一族が経営者・株主双方の立場で影響を及ぼしている企業の割合は4分

5　1株主とその親族等の持株比率合計が50％を超える「特定同族会社」も含む数字である。
6　Astrachan J.H., M.C. Shanker, "Family Businesses' Contribution to the U.S. Economy: A Closer Look," *Family Business Review*, Vol.16, No.3, 2003, pp.211-219.

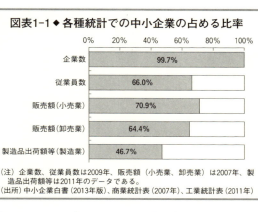

の1を超えている。以上のようなデータから見て、日本経済全体としても、FBの持つ重要性が非常に高いことが分かる。したがって、FBおよびその経営を活性化することは、日本経済を活性化することにつながると言えるのである。

1-5 「永続性」のワナ

●永続性が持つ2つの意味

これまで、FBの経済、産業界にとっての重要性について検討してきたが、FBをFBたらしめているのは、FBの経営において永続性が重要視されているからではないかと筆者らは考えている。企業としての永続性が意識されているからこそ、FBにおいては長期的な視点に立った経営、投資が行われており、社内に経営理念が浸透しているのである。多くのFB経営者が、自社の経営において永続性を意識しており、いかに次世代に経営のバトンを引き継ぐのかが重要だと筆者らに対して語っている。

しかしながら、その「永続性」については、同じ言葉でありながら2つの別の意味合いで用いられている。1つ目の考え方は、「永続性」とは自社のビジネスが変わらず継続することを意味している、というものである。こうした経営者は、「永続性」を実現するために経営の安全性を最大限確保しようとし、経営上のリスクをできる限り回避する。2つ目は、自社およびそのビジネスを永続させるためには、自社が自ら変わり続けなくてはならないという考え方である。こうした経営者は、常に負担が可能な範囲内でリスクを取り続け、その中で持続的な成功を収めなければならないと考えている。

どちらの考え方が本当の意味での永続性につながるのだろうか。筆者らは、後者の考え方こそが、永続性の実現において極めて重要なのではないかと考えている。ビジネスを取り巻く環境は刻一刻と変化している。その中で、自社自身が変わらずに存在し続けることができる会社は極めて少ない。皆無であると言っても差し支えないだろう。であるならば、FBに限らず企業は常に変わり続けなければならない。それにも関わらず、前者のような意味で永続性を捉えているFB経営者は決して少なくない。自社の長い歴史とそこで積み上げてきた成功体験を過信してしまい、なるべくリスクを取らない方向に舵を切ってしまうのである。気づいたときには、すでに手を打てる段階を過ぎてしまい、手遅れとなってしまう。筆者らは、これを「永続性のワナ」と呼んでいる。

●永続性のワナにはまらないために

「永続性のワナ」にはまらないためには、どうすればよいだろうか。まず、永続性を実現するためには、自社は変わり続けなければならないということを意識すべきである。ビジネスを取り巻く環境は常に変化しており、それに合わせて自社のビジネスを変え続けなければならない。自社のビジネスを変え続けるためには、常にリスクを取り続ける必要がある。ただし、自社で負担しきれないような大きなリスクを抱えてしまうと、経営上の安全性を損なうことになってしまう。常に小さなリスクを背負い続けることによって、どの程度のリスクであれば負担することができるのか、リスクに対する目利き力がついてくる。本当の意味での永続性を実現する上で、このリスクに対する目利き力は極めて重要だ。リスクに対する免疫力をつけるべきだと言い換えてもよい。リスクに対する免疫力があるからこそ、必要なリスクを取り続ける勇気を得ることができるのである。リスクを取らないでいると、自社でどの程度のリスクを負担できるのか、いつの間にか判断できなくなってしまう。その結果、リスクを取らないでいるうちに足元が崩れてしまうのだ。あるいは、自社で負担しきれないようなリスクをいつの間にか背負ってしまうこともあるだろう。これはＦＢの経営にとって非常に危険なことである。

本書の根底にある考え方は、いかにＦＢにおいて永続性を実現するのか、というものである。テーマごとに章を分けてはいるが、どのテーマもＦＢが永続性を実現する上で重要なものだと筆者らは考えている。様々な施策に取り組む上では、やはり何らかのリスクを負うことが必要となる。しかし、そこで肝に銘じておいていただきたいのは、リスクを回避して動かないことこそが、ＦＢにとって最大のリスクだ、ということなのである。

1-6 ＦＢの経営をどう捉えるか？

●ＦＢのメリットとは

ＦＢの経営を捉える上でよく用いられる基本的なモデルが、ＦＢのスリーサークル・モデルと言われるものである（**図表１－２**）。このスリーサークル・モデルは、ファミリービジネスについて検討する際に、経営、家族、所有の３つの側面に着目すべきであることを示している。この３つの側面は、ＦＢの強み、弱みに大きく関係している。ここでは、少々堅い話になるが、これまでに行われたＦＢに関する学術研究において指摘されているＦＢの利点、欠点と３つの側面との関係性について検討してみよう。

図表1-2◆FBのスリーサークル・モデル

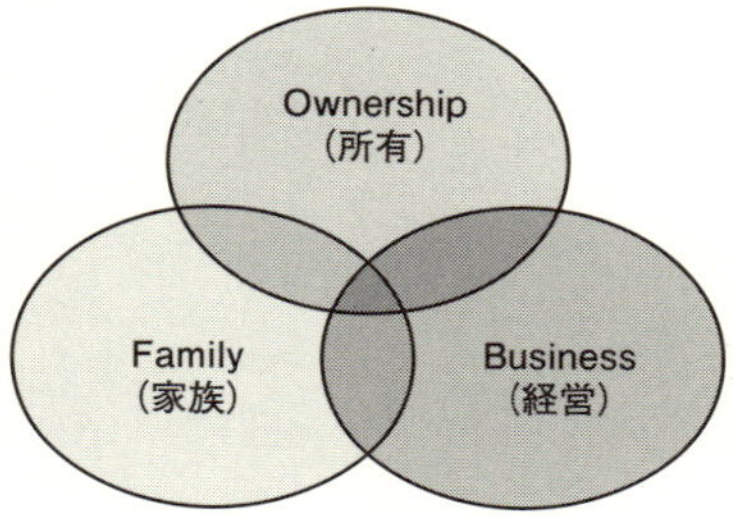

（出所）Gersick K.E., J.A. Davis, M.M. Hampton and I. Lansberg, *Generation to Generation: Life Cycles of the Family Business*, Harvard Business School Press, 1997.より筆者作成

ＦＢの利点としては、次の４点がよく指摘される。[7]

① 所有と経営が一致していることによる株主と経営者の間での調整コスト（エージェンシーコストと呼ばれるコスト）の低減

7　Anderson, R. C. and D. M. Reeb, “Founding-Family Ownership and Firm Performance: Evidence from the S&P 500,” *The Journal of Finance*, Vol.58, No.3, 2003, pp.1301-1328では、ＦＢが非ＦＢよりも財務業績が高い理由として①～③の項目を挙げている。また、④については、Lentz, B.F. and D.N. Laband, “Entrepreneurial Success and Occupational Inheritance among Proprietors,” *Canadian Journal of Economics*, Vol.23, 1990, pp.563-579で言及されている。

② 長期的視点による効率的な投資
③ 一族の評価と企業業績が連動するために企業業績を高めようとする意識が強いこと
④ 世襲により人的資源（ノウハウ）が蓄積されること

①については、FBにおいては所有と経営が一致しているために、株主の利害と経営者の利害を一致させる必要がなく、エージェンシーコストが低減されるため、企業価値が最大化されるというものである。これは、FBにおける所有と経営という側面が関係している。②～④は経営と家族の側面が関係している。FBが長期的視点に立って効率的な投資、経営が行えるのは、FBの経営を次世代に引き継いでいくという意識が強いからであるし、企業業績が一族の評価と連動するのもFBならではの現象である。また、世襲による人的資源の継承も、子どものころから親の職場に顔を出したり、親の仕事を手伝ったりすることからも生じる。これも家族経営だからこそ起こることであろう。

●FBのデメリットとは

逆に、FBの欠点としては、次のような項目が挙げられている。[8]

① 経営者が自らにのみ利益になるような経営を行い、少数株主にとって好ましくない経営が行われる

8 本章脚注７のAnderson and Reeb［2003］を参照。

② 創業家出身の経営者が保身に走る
③ 一族以外の有能な人物が経営者に就任しにくい
④ 過度な報酬、関係会社との取引、特別配当などによる利益の流出

これらは、所有者としての株主、創業家としての家族、会社経営に携わる経営者が一致することにより起こる問題である。経営者がファミリーを重視するあまり、ファミリー以外の株主を軽視したり、自らの保身に走って一族以外の有能な経営者にバトンタッチすることを拒んだりすれば、それは企業価値を引き下げることにつながるだろう。また、様々な取引によって自らの利益を誘導する行為も、ＦＢの業績を低下させる原因となる。これらも、ＦＢに経営、家族、所有の３つの側面が絡み合っているために生じる問題であると言える。

先にも述べたように、ＦＢならではの価値創造を行うためには、ＦＢの強みを活かし、弱みを顕在化させないような経営を行っていく必要がある。本書の焦点は、ＦＢの経営であるから、検討の中心はスリー・サークルの中のビジネスに関わる部分である。ただし、これまで見てきたように、ＦＢのマネジメントにはファミリー、オーナーシップの視点を欠かすことができない。したがって、本書では常にこの点を意識しながら検討を行っていきたい。以上のような視点を考慮しつつ、ＦＢの経営とはどうあるべきかについてのヒントを導くのが、本書の狙いである。

第2章

上場FBの財務的特徴と課題

「安全性、投資に対する姿勢を変える」

2-1 上場FBはいかなる財務的特徴を持っているのか?

本章では、日本におけるFBがどんな財務的特徴を持っているのかを明らかにし、FBが抱える経営課題について定量的に浮き彫りにしてみたい。ただし、上場していない企業の財務諸表を入手することは難しいため、財務諸表が公表されている上場FBを調査対象として財務分析を試みることとする。

前章でも述べたように、日本におけるFBおよびその経営は肯定的に捉えられているとは言い難いのだが、実は欧米ではFBの収益性は非FBに比べて高く、業績的には優位性があるという研究も多い。[1] では、日本におけるFBの財務的特徴はどうなっているのか? という点を検討してみたい。[2]

2-2 財務分析の対象企業

まず、上場FBの財務分析を行うにあたって問題になるのが、どのような会社をFBとして捉えるのか、という点である。前章でも述べたように、FBは創業者一族が経営者や株主など、何らかの形で影響を与えている企業ということにな

1 海外の学術研究となるが、McConaughy, D. L., M. C. Walker, G. V. Henderson, C. S. Mishra, "Founding Family Controlled Firms: Efficiency and Value," *Review of Financial Economics*, Vol.7, No.1, 1998, pp.1-19.、Anderson, R. C. and D. M. Reeb, "Founding-Family Ownership and Firm Performance: Evidence from the S&P 500," *The Journal of Finance*, Vol.58, No.3, 2003, pp.1301-1328.、Lee, J., "Family Firm Performance: Further Evidence," *Family Business Review*, Vol.19, NO.2, 2006, pp.103-114.といった論文において、米国におけるＦＢの業績優位性が報告されている。

2 本章における財務分析の方法およびその結果は、矢部謙介「日本におけるファミリービジネスの財務的特徴」『中京経営研究』第22巻第１・２号、2014年３月における研究成果を基にしている。

る。そこで、本章では、創業者一族が社長・会長・代表取締役といった経営トップを務めており、なおかつ10大株主に名を連ねている企業を上場FBとして、財務分析を行うこととしたい。

この捉え方でいくと、本章での調査対象は、創業者一族が経営者・株主双方の立場で影響を及ぼしている企業ということになるため、ファミリーの影響力がかなり高い企業であると言える。したがって、トヨタ自動車のように株主としては影響力を持たないものの、経営者としては豊田家が影響を及ぼしている企業に関しては今回の調査対象から外れている点には気をつける必要があるが、概ね日本で上場しているFBのうち、創業家の影響力が強い企業が持つ一般的な財務的特徴を捉えることができるのではないだろうか。

さらに、こうした分析を行う上でもう1点気をつけておかなければならない点がある。それは、いわゆるベンチャー企業をFBの範疇に含めるべきか否かという点である。多くの場合、ベンチャー企業は創業者が経営者・大株主を兼ねており、上記の基準に照らせばFBに分類されることとなる。しかしながら、ベンチャー企業の中には、今後創業者一族によって事業が承継されていくのかが不透明な企業も多くあり、こうした企業をFBとしていいかどうかについては疑問が残る。そこで、本章における分析対象を、会社の実質的な設立が1963年以前の企業に絞り込み、こうしたベンチャー的な企業を分析対象から外すことにした。[3] 以上の結果として、2013年5月末の全上場企業3千772社のうち、497社がFBに分類された。

3 また、分析の都合上、金融・証券業に属する企業も分析対象から外している。

2-3 上場ＦＢの特徴

財務分析の結果に入る前に、今回分析の対象となった上場ＦＢの特徴について見ていきたい。**図表2－1**は、２０１２年時点での財務データがデータベースから入手可能な企業について、全企業のうちＦＢが占める割合の高い上位10業種と下位10業種を示したものである。また、全業種におけるＦＢが占める割合も併せて示している。

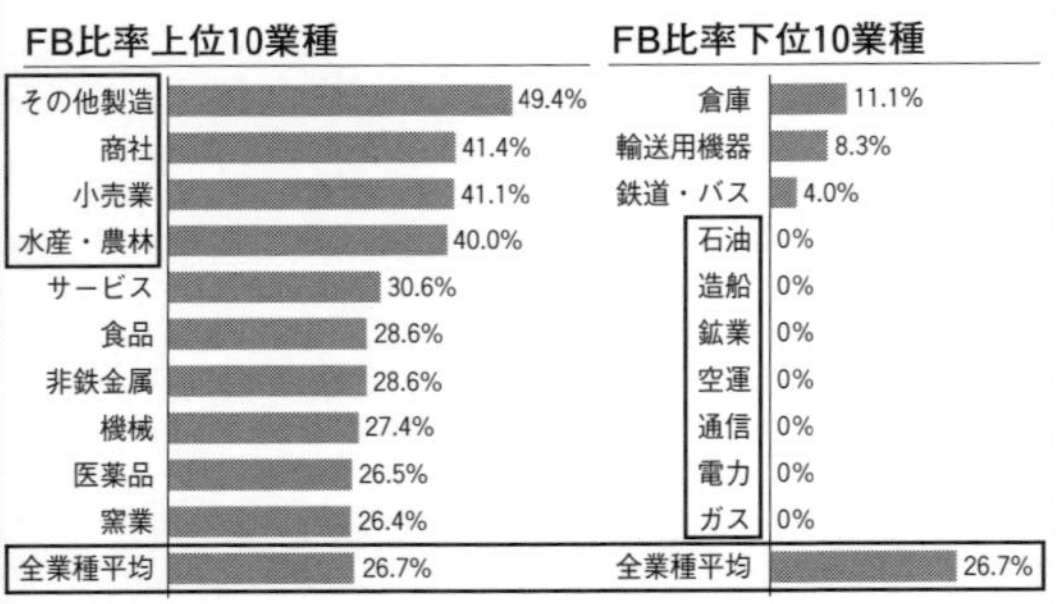

図表2-1◆上場FBの業種構成

（出所）筆者作成

実質的な会社設立から約50年が経過している企業１千８５７社のうち、ＦＢは４９６社、非ＦＢは１千３６１社となっており、ＦＢの占める割合は２６・７％である。これまでも述べているように、本章において定義したＦＢは経営者・株主双方の立場で創業者一族が影響を及ぼしている企業であり、かなり創業者一族による影響が強い企業をピックアップしているが、それでも上場企業の４分の１を超える企業がＦＢとなっているのは特筆に値する。日本経済に対するＦＢの影響が非常に大きいことを示唆するデータと言えるだろう。

また、業種別にＦＢが占める割合について見ていくと、その他製造、商社、小売業、水産といった業種において、ＦＢの占める割合が40％以上となっている。**図表２−２**で具体的な企業名を挙げているが、ファーストリテイリングやヨネックス、河合楽器製作所といった高いシェアを誇るユニークな企業群が並んでいる。その一方で、石油、造船、鉱業、空運、通信、電力、ガスといった、規模を必要とする産業や公益性の強い規制産業では、ＦＢの比率は０％である。これらのことから、ＦＢの業種構成は全体と比べて偏っていることが分かる。財務分析を行う際にも、こうした業種構成の偏りには十分配慮する必要がありそうだ。

図表2-2◆FB比率の高い業種の企業例

その他製造	河合楽器製作所	ピアノで世界2位。音楽教室なども。
	コクヨ	事務用品最大手。紙製品シェア高い。
	ヨネックス	バドミントン、テニス、ゴルフで圧倒的シェア。
商社・卸売	スズケン	医薬品卸大手。M&A等で全国に営業網展開。
	サンリオ	「ハローキティ」などキャラクター商品の企画・販売。
	ゼット	スポーツ用品卸大手。自社の野球用品に定評。
小売	丸井グループ	駅前立地の若者向け百貨店。
	三城ホールディングス	メガネ専門店チェーン大手。
	ファーストリテイリング	世界4位のSPA大手。「ユニクロ」など世界展開。
水産・農林	サカタのタネ	種苗首位級。アンデスメロンなどを自社開発。
	カネコ種苗	野菜・牧草種子や農薬、農業資材など販売。

（出所）会社四季報（東洋経済新報社）2013年3集より筆者作成

図表2-3◆上場FBにおける財務諸表の特徴

（単位：百万円）

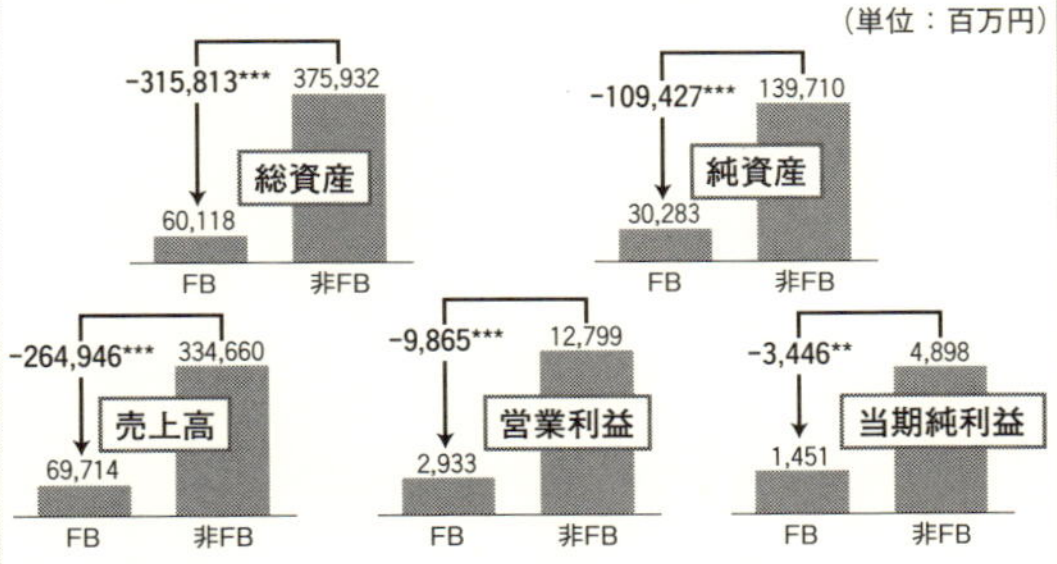

（注）***は1%水準で、**は5%水準で統計的に有意であることを示している。
（出所）筆者作成

では、ＦＢの財務諸表にはどのような特徴があるのだろうか。**図表２−３**から、財務諸表（貸借対照表、損益計算書）の主な項目について、主に規模の視点からＦＢと非ＦＢについてその平均値を比べてみる。このデータから、例えばＦＢの総資産は非FBの16・0%、同じく売上高は20・8%、営業利益は22・9%となっていることが分かる。つまり、日本におけるFBの財務的規模は非FBの6分の1～5分の1程度であり、FBの事業規模は一般に小さく、規模を追い求める傾向は低いことが分かる。こうした傾向は、米国のFBに関する研究でも報告されており、FBが相対的に小規模となる傾向は日米で共通していると考えられる。[4]

図表2-4◆財務分析指標

分析の視点	財務指標
収益性	総資産営業利益率（ROA)、自己資本利益率（ROE)
安全性	流動比率、固定比率、自己資本比率、現金有価証券比率、手元流動性比率
効率性	総資産回転率、有形固定資産回転率、有形固定資産比率
成長性	売上高の5年間平均成長率
役員報酬	売上高役員報酬比率、純資産配当率（DOE)

（出所）筆者作成

2-4 財務分析の結果

それでは、日本のFBの財務指標を分析していくことにしよう。ここでは、**図表2－4**にあるように、収益性、安全性、効率性、成長性および役員報酬に関わる財務指標を取り上げて分析することとしたい。また、財務データとしては2012年の数値を用いて計算している。[5]

●FBの収益性は高いのか？

収益性の指標としては、総資産営業利益率（ROA）および自己資本比率（ROE）を取り上げる。これらは、

4　本章脚注1でも触れたAnderson and Reeb［2003］の研究による。
5　実際には、2008～2012年の5年分のデータについて計算しているが、データの傾向は変わらなかった。

図表2-5◆収益性分析の結果

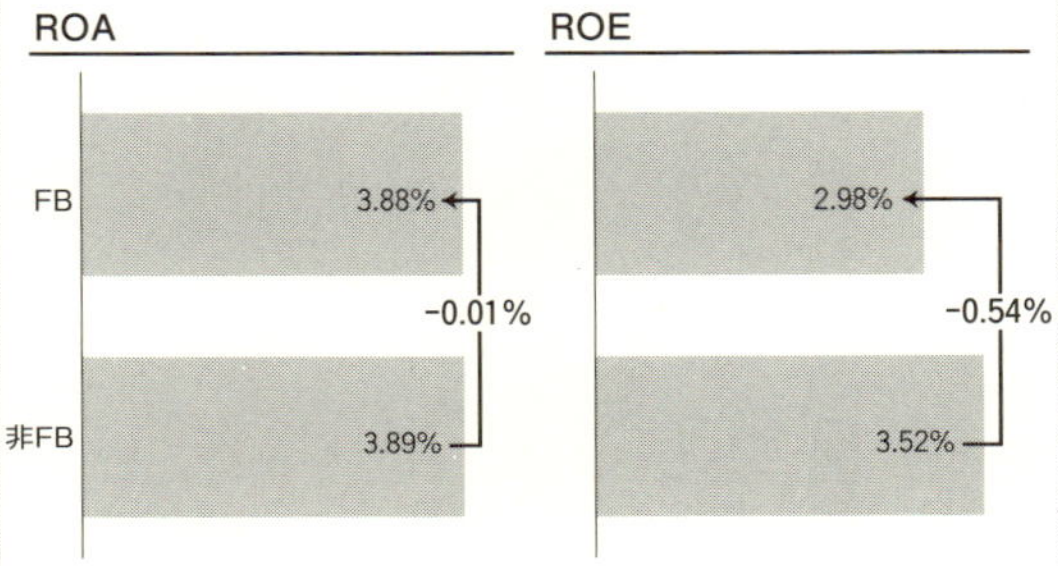

（出所）筆者作成

いずれも企業が使用している資産や調達した資本に対してどれだけの利益を上げることができたのかを問う指標である。ROAは、企業が使用しているすべての資産の金額に対して、営業利益をどれくらい上げることができたのかを示し、ROEは株主に投資してもらった資本に対して、株主に帰属する利益（当期純利益）をどれくらい上げることができたのかを示す指標である。

図表2－5の収益性分析の結果を見てみると、ROA、ROEともにFBの収益性は非FBよりやや低くなっているが、これらの数値の間に統計的有意性は見られない。つまり、収益性に関しては、FBと非FBの間に統計的な差はないということになる。前にも述べたように、米国のFBについての財務分析研究では、FBの方が非FBよりも収益性が高いことを報告しているものが多いが、本書における財務分析では、FBの収益性は必ずしも非FBに比べて高いわけではないという結果になった。

●高い安全性を誇るFB

続いて、安全性の分析指標について見てみよう。安全性分析の指標としては、流動比率、固定比率、自己資本比率、現金有価証券比率、手元流動性比率を取り上げてみたい。流動比率は、比較的現金化しやすいと思われる資産（流動資産）が、短期的な支払いを必要とされる負債（流動負債）の何％あるのかを見る指標である。この指標が高いほど、企業の短期的な支払い能力が高く、安全性の高い企業であると判断できる。また、固定比率は、長期的に使用する固定資産（土地、建物など）を購入するのに、返済の必要がない自己資本で何％カバーできているのかを見る指標である。固定比率の計算式は固定資産÷自己資本なので、固定比率は低いほど（固定資産が小さく、自己資本が大きいほど）安全性が高いという判断になる。加えて、自己資本比率についても分析する。この指標は、企業が調達したすべての資本（総資本）に対して、株主が投資した資本（自己資本）が何％あるのかを見る指標である。自己資本は返済の必要がないため、この指標が高いほど企業の安全性は高いということになる。また、安全性に関係して、流動資産の中に含まれる現金・有価証券が総資産に占める割合（現金・有価証券比率）および手元流動性比率（流動資産の中に含まれる現金・有価証券が売上高の何倍あるかを見る指標）についても分析対象とする。FBにおけるこれらの指標が高いならば、FBは非FBに比べて多額の現金や有価証券を保有している（すなわち、キャッシュリッチである）ことになる。

安全性分析の結果（**図表2－6**）を見てみると、すべての指標においてFBの方が非FBと比べて安全性が高くなっている。しかも、統計的に見てもFBの安全性の高さは際立っている。つまり、FBは非FBと比較して総じて安全性が高いと言えよう。FBでは、

図表2-6◆安全性分析の結果

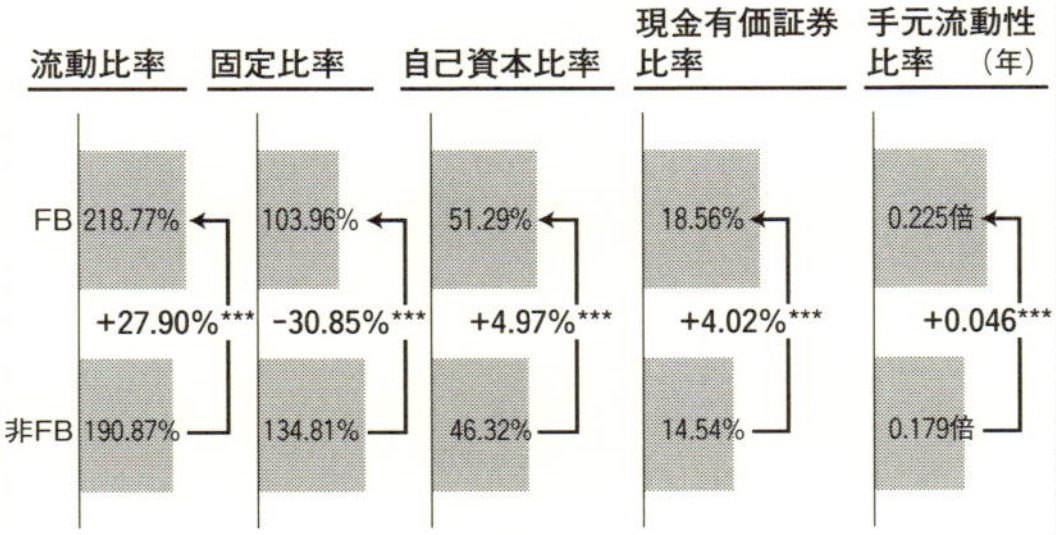

（注）***は1%水準で統計的に有意であることを示している。
（出所）筆者作成

自社の継続性・永続性に強く関係すると思われる安全性を重視する姿勢で経営が行われている可能性が高い。また、現金・有価証券比率や手元流動性比率もＦＢの方が高い値となっており、これらの数値からも、上場ＦＢがキャッシュリッチになっている状況がうかがえる。なぜ、ＦＢの経営者は高い安全性を目指しているのだろうか。それには、２つの理由があるように思われる。１つは、ＦＢの経営者は従業員も含めて家族と考える「家族主義的経営」を意識していることが多いことである。従業員を含めて「家族」であると認識しているＦＢ経営者は多い。こうした経営者にとって、会社が倒産するということは、ファミリーを失うことに等しい。また、もう１つの理由としては、ＦＢの評価が創業家の評価に結びついているケースが多いことである。特に、地域経済に根ざしているＦＢの場合、ＦＢの経営状況が一族の評価に連動する。こうした中では、ＦＢの経営者は家族としての従業員、そして一族の評価を守るために、安全性を重視した経営を行うのである。

●効率性に大きな差はない？

続いて、効率性分析に移ることにしよう。総資産回転率、有形固定資産回転率、有形固定資産比率を効率性の指標として取り上げたい。総資産回転率および有形固定資産回転率は、売上高を総資産額ないしは有形固定資産の総額で割ったもので、資産をいかに有効に活用して売上高を生み出しているのかを測る指標である。安全性分析で明らかになったように、ＦＢでは現金および有価証券を多く保有している企業が多いが、こうした現金・金融資産は基本的に売上・利益に結びつかない資産であり、資産効率を下げる方向に働く可能性がある。また、ＦＢでは土地などの運用資産をもっていることも多く、こうした資産は本業外の利益を生み出している可能性があると考えられるものの、本業への貢献は乏しい可能性がある。また、こうした運用資産が総資産に占める割合が大きいかどうかを確かめるために、有形固定資産の総額を資産総額で割った有形固定資産比率についても併せて分析対象とする。

図表2－7によると、総資産回転率および有形固定資産回転率に関しては、Ｆ

図表2-7◆効率性分析の結果

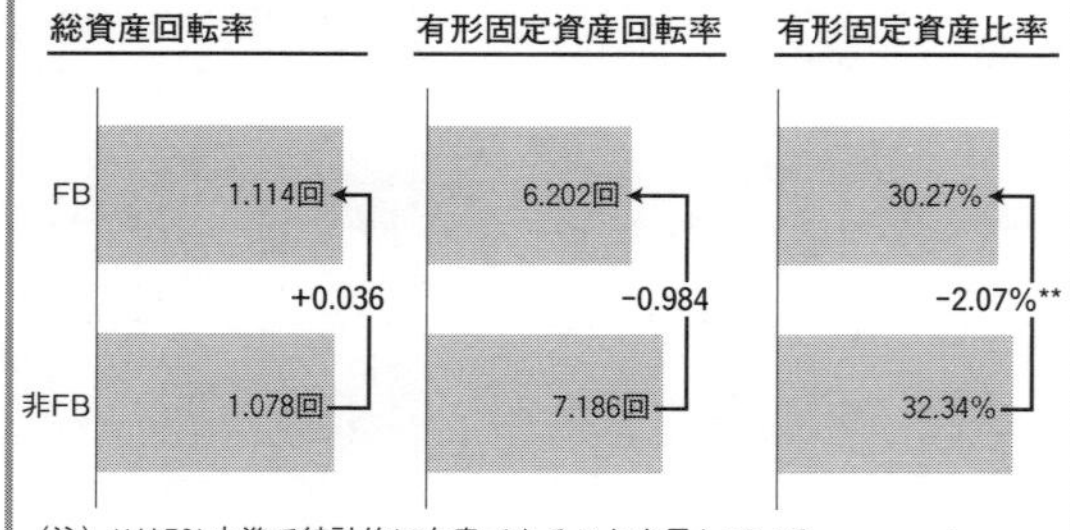

（注）**は5%水準で統計的に有意であることを示している。
（出所）筆者作成

図表2-8◆成長性分析の結果

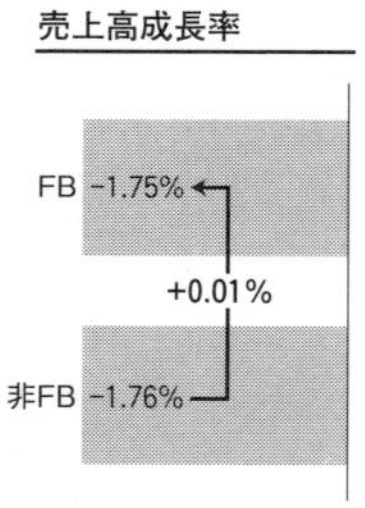

（出所）筆者作成

Bと非FBの間に大きな差は見られず、統計的に見ても意味のある差は生じていない。また、有形固定資産比率については、FBの方が非FBよりも低いという結果となった。この分析ではFBが保有するキャッシュは効率性に影響を与えていないということになるが、ここで気をつけるべきはFBの業種構成の偏りである。FBの構成業種が比較的資産回転率の高いビジネスに偏っているため、結果的に効率性に差が出ていない可能性も否定できない。この点については、後で述べる業種構成の偏りを補正した分析で再度確認してみることにしよう。

図表2-9◆役員報酬分析の結果

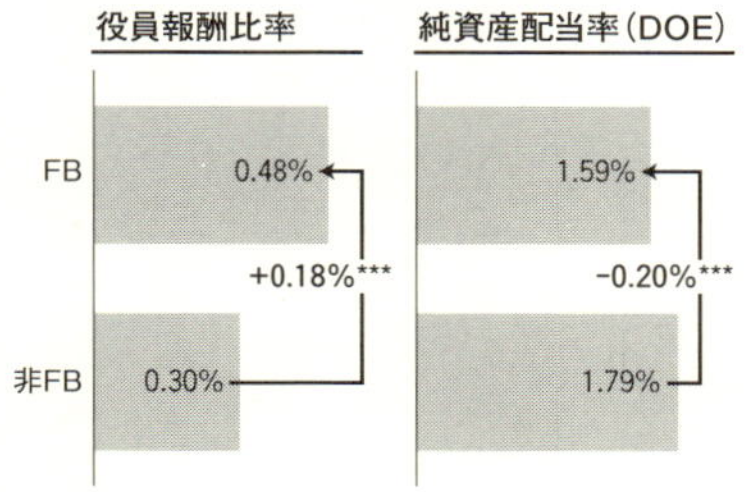

（注）***は1%水準で統計的に有意であることを示している。
（出所）筆者作成

成長性については、売上高成長率（2008～2012年の5年間平均）を用いて分析したが、**図表2－8**にあるように、FBと非FBの間にほとんど差は見られなかった。

●高い役員報酬と低い水準の配当金

役員報酬および配当金の分析結果については、**図表2－9**をご覧いただきたい。分析対象指標は、役員報酬が売上高に占める割合（役員報酬比率）と、純資産に対する配当金の割合（純資産配当率、DOE）である。分析の結果、役員報酬比率についてはFBの方が高く、純資産配当率については非FBの方が高いことが分かった。創業者利益を配分する手段のひとつとして役員報酬が用いられており、結果として高い役員報酬を支払っている状況だと考えられる。一方、配当金に関しては、非ＦＢの方がＦＢよりも高くなっている。今回の分析を行うにあたり、調査対象としたＦＢは、いずれも創業者一族が株主に名を連ねていることから、やはり創業者利益を配分するために配当金が高くなるのではないかと筆者らは予想していたが、それとは逆の結果となった。筆者らの推測となるが、これは創業者以外の株主に対して配当金を支払うことを嫌っているためではないだろうか。配当金による利益の流出を抑制し、内部留保を積み増すことによって、ＦＢは自己資本を充実させることができる。こうすることで、ＦＢは自社の安全性をより高めるための財務政策を採っている可能性があると考えられる。

図表2-10◆業種平均値を控除した財務分析の結果

財務指標 （非FB業種平均値控除後）	N	平均値	p値
ROA	496	−0.01%	0.976
ROE	496	−1.15%	0.330
流動比率	496	26.11%	<0.001
固定比率	496	−20.38%	<0.001
自己資本比率	496	4.66%	<0.001
現金有価証券比率	496	3.65%	<0.001
手元流動性比率（年）	496	0.052	<0.001
総資産回転率（回）	496	−0.104	<0.001
有形固定資産回転率（回）	495	−3.770	<0.001
有形固定資産比率	496	0.75%	0.264
売上高成長率	494	0.21%	0.376
役員報酬比率	496	0.19%	<0.001
純資産配当率（DOE）	443	−0.24%	<0.001

（注）p値は、平均値控除後の数値が、統計的に見て0に等しい確率を示している。すなわち、p値が低いほどFB企業の財務数値に特徴的な傾向が出ていると考えられる。
（出所）筆者作成

●業種構成の偏りの影響を排除するとＦＢの効率性は低い

ここまでの分析は、単純にＦＢグループと非ＦＢグループの平均値を比較してきたが、**2－3**でも指摘したように、ＦＢの業種構成には偏りが見られる。そこで、ここではそのような業種構成の偏りを補正した分析も行ってみることにしよう。**図表2－10**に示したのは、業種ごとに算出した非ＦＢの財務指標の平均値を差し引いた値の平均である。こうすることで、業種固有の財務指標の傾向を取り除いて分析することができる。結果として、安全性、役員報酬、配当といった指標においては、FBと非FBを単純比較したときと同様の結果となっている。つまり、FBは非FBと比較して安全性が高く、また役員報酬を多めに支払っており、配当金の支払いを抑制している。

一方、効率性の傾向は少々異なる。この分析においては、統計的に見てもFBの効率性は非FBに比べて低くなっている。これは、FBの業種構成の偏りを補正したことによるものであると考えられる。FBが多い業種ではその業種の特徴として比較的資本効率が高くなっていたが、その点が補正されたことにより、FBの効率性が低いという分析結果が得られたのではないだろうか。

2-5 財務分析から得られるメッセージ

●キャッシュリッチなFB

以上の分析をまとめると、FBの財務的特徴に関する仮説は**図表2－11**のようにまとめることができる。

まず、FBの損益計算書においては、役員報酬の割合が比較的高くなっている。創業者

図表2-11◆FBの財務的特徴（仮説）

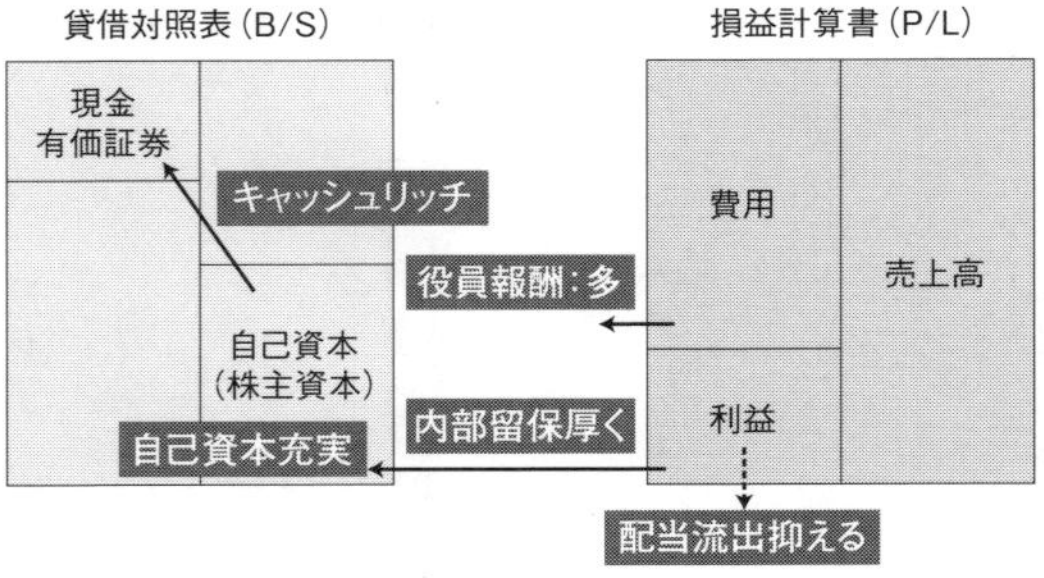

（出所）筆者作成

利益の一部として役員報酬が支払われている可能性が考えられる。こうした役員報酬は、創業家が抱えている個人保証などのリスクに対応する報酬の上乗せ分と解釈することもできる。[6] また、ＦＢにおける配当は非ＦＢに比べて低く抑えられており、利益が外部に流出することを防いでいる。その結果、ＦＢでは内部留保が厚めに確保されており、高い自己資本比率に結びついているものと思われる。資産面では、現金・有価証券が多く保有されており、いわゆる「キャッシュリッチ」な状態にある。このようなキャッシュは基本的には売上や利益を生み出さないことから、ＦＢにおける資産の効率性は非ＦＢと比較して低くなっている。

●永続性を保つために取るべきリスクとは

以上のような財務的特徴から読み取れるのは、経営上の安全性を重視し、自己資本や手元流動性を充実させようとするＦＢの姿である。創業後の厳しい時代において資金繰りに苦労したことが、ＦＢにおいて経営者が安全性を重視する根源にあるという声も複数のＦＢ経営者から聞かれる。しかしながら、ここで思い起こしてほしいのは、第1章で言及し

6　この役員報酬は創業家出身の役員に対するものだけではなく、すべての役員に対するものである点には注意が必要である。

た「永続性のワナ」である。FBが永続的に存在するためには、常に、変化、進化を続けなければならない。「成功の永続性」を求めていかなければ、いつしかFBの経営は行き詰まってしまう可能性が高い。FBの経営者の中には、自社にとっては永続性こそが重要で、いたずらに成長を追い求めるのは間違いだと言われる方もいる。このような経営者は、永続性と成長性を対立するものとして捉えているように思われる。しかし、永続性と成長性は決して相反するものではない。FBは、その永続性を実現するために、成長し続けなければならないのである。もちろん、高過ぎるリスクを負うことは、FBの経営を危険にさらし、永続性を損なうこととなる。しかし、リスクを取らなかったために手遅れとなり、事業が行き詰まってしまった会社も枚挙に暇がない。リスクを恐れて動かないことこそが、FBにとっては最大のリスクであることを肝に銘じておく必要がある。なお、ここで言う成長とは、単に売上を伸ばすということだけではなく、他分野へのチャレンジや事業の質を高めるといったことも含まれる。

もちろん、現在FBが保有する豊富な現預金・有価証券は、いざというときの備え、あるいは成長投資に振り向ける原資であると見ることもできる。必要なタイミングで、必要な投資を行うことができれば、FBは永続的な成長を目指していくことができる。FBは長い期間存続するからこそ、様々な時流の変化によって経営が危機にさらされる。こうした際に、いかにリスクを取ることができるのかが、実はFBの永続性にとって極めて重要なのである。この点はFBにおける第二創業と密接に関わっている。第二創業に関しては、本書第5章において詳しく検討することとしよう。

第3章

創業の精神と企業理念

「創業者の心は変えず、企業理念は変えるべし」

3-1 なぜＦＢは家族が継ぐのか？

●ＦＢにおける家憲家訓の限界と意味合い

経営にファミリーが関わるＦＢにとって、経営理念を深く分析していくと「家制度」における家憲家訓に行きつく[1]。

これは日本に存在した家父長制度による家の存在があったためである。戦国時代より近世に至るまで家の存続はすべてに優先する事項で、家そのものの永続を目指すために家訓は作られた背景がある。つまり家訓は過去の経験から蓄積され、未来に向けて家を守るものであり、社会が変化してもそれに柔軟に対応するために設定されたものである。

もちろん、非常に複雑化した現代のビジネス環境においては、家の存続を目的に作られた家訓で会社組織を統率していくことは不可能であり、いわゆる「べからず集」や創業者の象徴だけを強調しても社員に影響を与えることはできない。

したがって、家の存続を目的にした経営を家業とするならば、本書の定義はＦＢ＝家業、ではない。今回の執筆に際して筆者らがインタビューした企業すべてにおいて、わが社は家業である、と言う経営者はいなかったし、これは家業という意味が持つ狭く、偏りのある経営では現代の複雑なビジネスは全うできないことを示している。

1　米村千代「家訓の現代的意味に関する社会学的考察」『東北学院大学経済学論集』第177号、2011年12月。

しかしそうであっても、家訓が経営にどのように影響するのか、家訓の働きを考えることはＦＢの経営を考える上で意味を持つ。

なぜならば、ＦＢが抱える今日的な課題や葛藤には、昔の家業体制が抱えた問題との共通点が多いからである。例えば、時代を超えて組織が存続することの意味は依然として大きいし、後継者をいかに選定し育てるのか、オーナーと社員との関係をどう作っていくべきか、社会貢献を事業といかに両立するかといった課題は家業にとっての課題であると同時に、極めて今日的課題である。いや、むしろ複雑化した家族のあり方や経営スピードが極端に求められる現代だからこそ、こうした家訓に学ぶべきものが大きいと言える。

なぜ家族がＦＢを継がなければならないのか？

長寿のＦＢの裏には消え去っていった多くのＦＢがある。

ＦＢがファミリーで経営されているからすべてがうまくいくわけではない。ファミリーであるがゆえにコミュニケーションが活発かと言うとそうではないし、親子関係だから深く分かり合えるかと言うとそうでもない。ある会社の後継者は、自宅でも父親を社長と呼んでいるそうで、それは仕方がないと考えつつも息苦しいと表現していた。経営以外の場面でも、例えば家族介護の問題で肉親間に亀裂が入ることをわれわれはしばしば目にする。

ＦＢがファミリーという極めて人間的、情緒的なものでできている以上、そこには普遍的な価値観や哲学が入り込む余地がある。

例えば、ＦＢに求められる経営においては、経営の持続性、会社の信用力、社員の処遇、社会との関わりなどに対応する必要があり、ハウツー的な対応方法だけでは役に立たない。

事業承継を例にとっても、税制などの具体的なノウハウが役立つと考えられがちだが、今回インタビューした経営者の多くは、もっと根底にある価値観であったり、哲学的な考え方の承継をより強調していた。

こうした家業とＦＢの共通点を考えていくと、ＦＢをなぜ家族が継ぐ必要があるのか、という問いに行きつく。本書の「はじめに」で述べたとおり、１００年以上続く日本のＦＢの数は世界有数である。昔から続いてきた老舗の企業に対する日本人の愛着は深いものがある。

一方で、ＦＢに同族経営という揶揄する響きがあるのも事実であり、会社を私物化する経営に社会から厳しい視線が向けられている。こうしたＦＢの持つ光と影、そしてファミリーが経営と密接不可分にあるＦＢにおいて、ファミリーが継承していく意味と重みを考えていきたい。

3-2 変えるべきもの、変えてはいけないもの

●FBにおける家憲家訓の事例

歴史の長いFBに共通するのは、家訓や創業の精神を大事にして、自らの経営を規律し、その教えを守っていることである。[2]

例えば、醤油醸造のキッコーマンは日本有数の長寿FB企業のひとつであるが、その創業家の茂木家、高梨家の家訓を17条にまとめたものが代々引き継がれている。その中には「徳義は本なり、財は末なり、本末を忘るるなかれ、家内の和合に心掛くべし」と書かれており、今でも学ぶべきところが多い。

百貨店大丸の創業は、1717年の下村彦右衛門による大文字屋開業に端を発するが、この創業の理念が「先義後利」であったことは有名である。先義後利は義を先にして利を後にする者は栄えるという意味で、大文字屋はその経営において「お客様の満足を第一に考えれば、利益は後からついてくる」という考え方を徹底した。

下村は毎年冬には貧しい人に食べ物や古着を寄付し、人の集まる寺社などに大丸のマークのついた提灯などを寄贈していた。このため、1837年の大塩平八郎の乱では、並みいる富豪や豪商が焼き討ちにあう中で、大丸だけは「義商なり、犯すなかれ」と焼き討ち

2　倉科敏材「第3回ファミリービジネス成功術－日本のファミリー企業の課題－」『Future SIGHT』2009年7月。

図表3-1◆家憲家訓の例

創業家	家憲・家訓（一部抜粋）
茂木家（キッコーマン創業家） 17カ条　家訓	徳は本なり、財は末なり。本末を誤ることなかれ。貧富に寄って、人を上下することは最も戒むべきことなり
松坂屋　伊藤次郎左衛門　家訓	自分は先祖の手代である、と心得よ
松居久左衛門（近江商人）　家訓	出精専一之事、無事是貴人、一心、端心、正直、勤行、陰徳、不奢不貧是大黒
三井高平（三井家総領家）　家訓	勤倹は家を富ませ、奢りは身を滅ぼす。勤倹に励み、奢りを慎むことこそが、一族繁栄と子孫永遠の幸福の基である
山本山　家訓	お客様が来店されたら、たとえどなた様の用事をしていても、すぐにご挨拶するように。 もし、どうしても手が離せないときには、他の人に伝えて、間違ってもお客様に失礼のないように

（出所）各ウェブサイト等から筆者作成

を免れたと言われている。現在の大丸はJフロントリテイリング傘下に入っているが、先義後利は今でも大丸の企業理念である。

三菱財閥の創始者である岩崎弥太郎の岩崎家には家憲があり、その中に「国家的観念を持ってすべての事業に当たれ」がある。その精神は、三菱グループが140年にわたり受け継いできた経営の根本思想「三綱領」に受け継がれている。三綱領とは「所期奉公＝期するところは社会への貢献」「処事光明＝フェアプレーに徹する」「立業貿易＝グローバルな視野で」の3つで、その精神や価値観が今日の三菱グループの企業活動の指針になっている。

●何を変えず、何を変えるべきか

前述のとおり、家訓は家の存続を唯一絶対の目的に定められたものである。

事業の状況はもとより、激しく変化する社会情勢にいかに対応するか、事業を確実に次代に継承するために、家長をけん制し、家長以外のファミリーが監視する効果的なガバナンスを実現してきたと言える。現代流に言えば、CSRに近い概念だろうか。

家長をけん制すると言うと、コンプライアンスの仕組みを思い浮かべるかもしれないが、コンプライアンスは法令順守のことであり、法令さえ守っていればよいとする風潮を生みがちである。CSRはビヨンドコンプライアンスと言われるとおり、法令順守を超えて社会的な存在価値や規範、倫理的側面から事業を律していこうという考え方である。前記のキッコーマンや三菱三綱領にはそれがよく表れている。

しかし当然のことながら、家訓や経営理念を守っていれば経営がうまくいくとは限らない。難しいのは、社会的な変化が激しい現代の経営において、何を変えずに、何を変えていくかを経営者自身が見極めなければならないことである。企業が存続するためには、当然事業の拡大が必要である。先代からの事業を維持するだけでは縮小均衡すらできずに消え去ってしまう。社会環境が大きく変化する中で、後継者が創業に匹敵するイノベーションを起こさなければ企業は存続できない。これは第二創業と呼ばれ、第5章で詳述するが、この後ケースで取り上げる宇津救命丸でも30年周期で経営危機が訪れたという生々しい話が出てくる。

イノベーションと言っても過去のものをすべて壊すことが良いわけではなく、社会環境に合わせて、変えるべきではないことと、変えるべきものを間違えると企業経営に深刻な影響を与えることになる。家訓を考え方のベースとしつつ、何を変え、何を変えないのか、それを考えることが後継者の役割となる。

ケース　宇津救命丸[3]

宇津救命丸は生薬を成分とした小児用の薬である。特に40歳以上の方にとっては、なじみの深い薬であろう。「夜泣き、かんの虫に宇津救命丸」のフレーズで知られている。

宇津救命丸の創業は1597年（慶長2年）、なんと関ヶ原の戦いの3年前である。創業家は宇津家であるが、商品名が「うづ」と濁るのに対して、創業家のそれは「うつ」と濁らない。宇津家は下野国（現在の栃木県）の領主、宇都宮家のご殿医だった。宇都宮家が豊臣秀吉に睨まれ所領没収になったことを機に、宇津家は庄屋に転じた。このときの当主、初代宇津権右衛門を初代として創業の年としている。当時は大人向けの万能薬だった。初代権右衛門は、一粒が米の一俵の価値があると言われたこの秘伝の丸薬を、村の人が病気になれば無料で分け与えた。

やがて救命丸と名づけられた秘薬は評判を呼び、旅籠や酒屋に置かれるようになった。使った分だけ代金を支払ってもらう、いわゆる置き薬の元祖となる。後に5代目の権右衛門が、当時の下野の領主、一橋家に救命丸を献上し、その名を不動のものにした。一橋家は11代将軍徳川家斉を輩出しており、家斉も救命丸を飲んでいたとされるほどである。一橋家は救命丸が切れたときを心配し、すぐに届けられるよう一橋家の提灯を宇津家に与え

3　本章における事例として宇津救命丸株式会社を取り上げるにあたり、宇津救命丸株式会社代表取締役社長宇津善博氏、専務取締役宇津善行氏にインタビュー調査へのご協力をいただいた。また、ケースの記述に際しては2014年４月28日付日本経済新聞朝刊「200年企業宇津救命丸　時代に敏感」、KANDAアーカイブ百年企業のれん三代記（http://www.kandagakkai.org/noren/page.php?no=17）、宇津救命丸社講演資料を参考にした。

ていたという。

救命丸の製法は一子相伝。宇津家は代々、その製法を長男にだけ口伝で伝承してきた。調剤のときは、当主は飲食を慎み、身を清めてから誰も近づけない「誠意軒」と呼ばれる建物にこもって行ったそうだ。救命丸は8つの生薬配合でできている。神経の高ぶりを抑えたり、胃腸を健やかに整える働きがある。幼児の夜泣きやかんの虫といった、医者にかかる前の状態で効能を発揮した。

図表3-2◆宇津救命丸の製品バリエーション

小児五疳薬

宇津救命丸

宇津救命丸Gold

宇津救命丸（金粒）

宇津救命丸（糖衣）

（出所）宇津救命丸ウェブサイト

明治に入り、大手薬問屋から救命丸を扱いたいと申し入れがあり、現在の流通システムに乗り販売額が飛躍的に増えた。当時は栄養状態が悪く虚弱な子どもが多かったこともあり、なんとか子どもたちの健康を守りたいという思いから、小児専門の薬として１９０９年（明治42年）に宇津救命丸と名称変更、１９２７年（昭和2年）に株式会社として登記して現在に至る。

宇津救命丸は実に４００年続く超長寿企業だが、経営危機は30年単位で訪れており、そのたびに大胆な経営改革やイノベーションで危機を乗り越えている。

明治維新（1867年）当時には、政府が西洋医学を広めるために売薬に税金をかけたことにより経営が苦しくなったが、タバコを扱うなどの多角化で乗り切る。1906年（明治39年）には小児専門薬に絞り込む改革を行い、1930年（昭和5年）には販売権をマーケティング会社に委託せざるを得ない状況となるが、その後のベビーブームで復調を果たす。1955年（昭和30年）の資金難の際には、鈴木日本堂（当時トクホンを販売していた会社）に販売委託し栃木に戻り生産に集中した。その後、1984年（昭和59年）に子ども向け風邪薬を発売、以来小児薬シリーズを拡大してきた。近年では、受験勉強でストレスを抱える子ども向けに精神を穏やかにする生薬を増量した宇津救命丸GOLDなど、新商品開発でラインアップを強化している。時代の変化に合わせて、巧みに対応してきたことが分かる。

そして現在。宇津救命丸は少子化という未曽有の変化に直面している。少子化は直接の顧客が減っていくというだけではなく、少子化に危機感を覚えた自治体の中には、その対策として中学生まで医療費を無料化するところも現れている。子ども医療の無料化は、薬の販売にはマイナスに作用する。つまり、以前は共存関係にあった医者とも直接競合するようになっている。

今、この危機に宇津救命丸は創業者の理念に戻ろうとしている。

救命丸は8つの生薬からできた薬剤で、効能は心と体を整えること。生薬を使っていかに健康な心身を作るかということが救命丸創業者の理念である。

そこで例えば、「桃の葉」という新ブランドを立ち上げ、保湿やデオドラントを付加価値とする健康・美容関連事業へ進出しようとしている。また、例えば子どもの夜泣きを少なくすることで幼児虐待や育児ノイローゼといった現代病に対応しようとしている。小児科医では対応できない赤ちゃんの癇癪《かんしゃく》、夜泣きを治すことで、母親の高ストレスや睡眠不足といった現代の生活で直面せざる得ない課題への対応を目指している。

図表3-3◆宇津誠意軒と宇津薬師堂

宇津誠意軒

宇津家の屋敷の木立の中にあり、今なお当時の調合していた名残が感じられます。江戸時代この中で「宇津救命丸」を作っていました。その処方は「一子相伝」として宇津家の当主からその長兄に口伝えで教えられ、製薬中は誰も近寄る事を禁じられていました。

宇津薬師堂

工場の東南の一画にあり、江戸時代に人々が病苦から救われることを願って建立され、栃木県高根沢町の指定文化財となっています。総ケヤキづくりで日光東照宮とほぼ同時代の建物で、薬師瑠璃光如来（やくしるりこうにょらい）が奉られています。

（出所）宇津救命丸ウェブサイト

さらに地域密着という、もう1つの創業者の理念に戻ろうとしている。

2012年、宇津救命丸の高根沢工場内にある宇津薬師堂で55年ぶりに一万燈祭が復活した。一万燈祭とは、江戸時代中期に毎年工場敷地の内外に燈籠を掲げて実施した地域の祭りのことである。地域の人たちが参加して出店、花火などを催す大きなイベントだったが、その後徐々に規模が小さくなり、近年は開催されていなかった。

しかし、東日本大震災に被災したこともあり、宇津救命丸が55年ぶりに地域に開かれたイベントとして復活させた。地域の人々や子どもたちが楽しめるイベントにしようと、かき氷や焼きそばの出店や昔遊びの体験コーナーなどを設置したり、施設見学なども実施し、同社からは本社の人が総出で手伝いをしたということである。

3-3 宇津救命丸のケースからの示唆

●創業者の理念に立ち戻る

宇津救命丸は400年を超える歴史の中で、今かつてない変化に直面している。それは顧客が減っていく少子化である。この変化にどのように対応していくべきか。創業18代目の宇津善博社長が悩んだ末に出した回答が「創業者の理念に戻る」ということであった。

ここでの創業者の理念とは、家訓などの創業者の言葉ではない。創業者宇津権右衛門がなぜ事業を興したのか、創業者の生きざまそのものを指している。創業者は8種類の生薬を使い、心と体を整える、つまりいかに健康な体を作るか、に心を砕いてきた。小さくても付加価値のある丸薬に、家族の心身の健康と健全な成長を支援するという理念に返ることを生き残りの戦略に据えたのである。

この創業者の理念を現代風に解釈すればどのようになるだろうか。

例えば現代の子どもの虐待である。子どもを持つ母親が孤立孤独を抱え、子育てノイローゼになる1つの原因が、子どもが夜泣きしたり、ぐずったりすることである。小児科には治せない子どもの癇癪《かんしゃく》を宇津救命丸で治せれば、それは不幸な子どもの虐待を減らすことができるのではないか。現代の症状にあった宇津救命丸の使い方を見出すことができれば、母親や父親などに貢献できるのではないか、それが創業者の理念に立ち返った宇津善博社長が考えたことであった。400年前、創業者によって広く地域の人々に健康増進の薬として分け与えた救命丸の精神が、形を変えて現代に引き継がれていることに驚きを感じる。

●地域と共生していくことの意味

もう1つ、創業者の理念に立ち戻る意味は地域との共生であろう。

創業者の初代宇津権右衛門は一粒がコメ一俵に相当すると言われた救命丸を無料で村の人に分け与えた。昔は薬と宗教は深い関係を持っていたようだ。薬は神社の門前で売られていた。創業者宇津権右衛門は寺の再建や寄贈に熱心だったという。

現在、この精神は同社の高根沢工場で催された一万燈祭で実現されている。自社の敷地を一般に公開し、宇津薬師堂を使って地域の人たちや子どもに喜ばれればと催したものである。

これを単に社会貢献とのみ見てしまうと、その意義を見誤ってしまう。

宇津善博社長は次のように述べている。「事業を永続させるには知名度を上げることが重要である」。宇津救命丸は長い歴史を誇るが、工場がある地元の上高根沢でさえ、宇津救命丸はもうなくなってしまったのではないかと思われていた。一万燈祭は救命丸のブランド再建へのひとつの取り組みなのである。さらに見逃せないのが、一万燈祭を本社総出で催したことであろう。宇津社長は「地域の人と接することで、自社への誇りや思いを取り戻す結果になった」と述べている。社員にとって、たくさんの地域の人たちが創業の地に集まることは、自社を誇りに思うよいきっかけになったに違いない。

●変化しないために変化する

このように創業者の理念に立ち返る、現在の状況を宇津社長は「変化しないために変化する」と逆説的に表現している。

変化しないことは創業の精神だけであり、業態を含めてあとのものはすべて変化の対象となる。生薬を通じて「心と体を整える」、「地域と共生する」ことが宇津救命丸の創業の精神であり、大人向けの丸薬や、母親向けの保湿・肌荒れの改善効果のあるクリームなどは、創業の精神を守りながら、時代や市場の変化に柔軟に対応していく宇津救命丸の経営の考え方がよく表れている事例なのである。

3-4 経営の不易流行とは何か？

●創業の精神を守りながら時代の変化に対応する

宇津社長の言う「変化しないために変化する」、つまり変化しないものは創業の精神だけであり、業態を含めて後のものはすべて変化の対象となる。創業の精神を守りながら、時代や市場の変化に柔軟に対応すること、これがFBの理念における鉄則ではないかと考える。

「変化しないために変化する」は言い換えれば不易流行とも言える。不易流行とは、松尾芭蕉が提唱した俳諧理念、哲学の言葉である。流行＝新しいものを求めて時代とともに変化するもの、と不易＝永遠に変わらない伝統や芸術の精神は、相反するように見えても、いずれも風雅に根差す根源は同じものだとする考えである。転じて、ビジネスの世界では、普遍的な原理原則を守り、一方で時代の変化に敏感に対応することを意味する。この不易流行こそがFBにおける企業理念のあり方を示している。つまり、創業者の考え方を原理原則とする一方で、経営環境の変化に合わせて変化すべきことは柔軟に対応する、という考え方である。

●企業理念を変えるべきか否か？

　ここで、おもしろいデータをご紹介したい。[4]

　みずほ総研がオーナー経営者に行ったアンケート調査によると、企業理念をこれまで変えた経験があるかどうかについては、「創業以来変えたことはない」とするオーナー経営者が52・6％いることに対して、「変更したことがある」と答えた経営者も45・4％と少なくない。企業理念は創業者の理念を体現したものであるから、40％以上のオーナー経営者が変更したことがあると答えた結果は意外に思われるかもしれない。

　この変更した、という回答の多くは、創業の精神を離れ、まったく別の理念を作ったということではなく、既存の理念を残しつつも現代風の言葉を付け加えたり、古典的な言い回しを現代風に翻訳したり、といった内容が多く含まれている。

　さらに驚くべきことは、理念に変更を加えた、と答えた企業ほど業績のパフォーマンスが優れていると指摘されている点だ。

　これは、どのように考えればよいのだろうか？

　企業理念を額縁に入れて飾っておいたり、風化させたりするのではなく、その意味するところを現代風に焼き直し、行動指針などに具現化することが、経営陣や社員の企業理念に対する理解につながり、さらに経営のパフォーマンスの向上につながることを意味しているのであろう。経営者が企業理念を生きた言葉として解釈し、その心を経営に投射する

4　ここで取り上げるデータは、野田彰彦「オーナー企業の継続的発展のカギを握る要素は何か－みずほ総研アンケート調査を利用した実証分析－」（『みずほ総研論集』2009年Ⅰ集、2009年２月）に基づいている。

ことが、好業績につながっているということになる。

業歴の長いＦＢは老舗企業や長寿企業と言われる。

老舗企業と言われると、長い伝統の中で先祖代々受け継いできたものをかたくなに守り通すというイメージがある。しかし、前記のみずほ総研のレポートを見ると、生き残っている老舗企業は長い年月で培った技術やノウハウを大切にしながら、時代に合わせた新サービスや新商品を開発し続けていることが分かる。宇津救命丸も４００年にわたって創業者の心を大切にしながらも、宇津救命丸ＧＯＬＤやスキンケア分野への進出など時代環境に合わせた変化を遂げている。

●企業理念を機能させるために

ＦＢの不易流行とは、長い歴史の中で培ってきた哲学や存在意義をベースとしながら、その事業形態やサービス内容などを時代に合わせながら自在に変化させることにある。その中では理念すらも積極的に変化させ時代に合わせたものにしていく必要がある。ただし、この逆は成り立たない。時代環境の変化に応じて優れたテクノロジーやノウハウを持ったとしても、それが哲学や企業の存在意義よりも優先してしまっては、企業は永続的ではなくなってしまう。

つまり、企業理念は創業者の心を形にしたものだが、ただ存在していればよいというものではない。その考え方が社内に浸透し、社員の行動様式に反映できるように創意しなければならない。先のアンケートで企業理念を変えたことがあるという企業が多数であることは、これを表していると言えるだろう。

第4章

後継者の育成と事業承継

「後継者を変えるとき、もっとも厳しい評価者は社員である」

4-1 後継者育成はFB最大の難事

●頭の痛い後継者問題

近年、事業承継セミナーと銘打った講演会が随所で行われている。内容をよく見ると、税務に関するものが大多数を占めているようだ。FBにとって事業承継は株式の移行であったり、個人的資産の引き継ぎを伴うものであり、確かに資金調達や税務に関することが、ファミリーにとって、企業にとっても大切な項目であることは間違いない。

しかしながら、事業承継にあたってより難易度が高く、時間がかかり、そして何よりも経営者がもっとも頭を痛めている問題は、後継者の育成である。

上記した**図表4-1**の中小企業庁が実施した事業承継に関するアンケート調査でも、複数回答な

図表4-1◆事業承継に関して、特に関心のある項目（複数回答）

	件数	割合（%）n=4,999
後継者の選定について	1,255	25.1
後継者の養成について	2,230	44.6
自社株式・事業用資産について	924	18.5
相続税・贈与税について	1,210	24.2
事業継承に必要な資金の調達について	1,121	22.4
事業売却について	519	10.4
その他	16	0.3
特にない	1,192	23.8
無回答	372	―
全　体	8,839	―

（出所）中小企業庁「中小企業の事業承継に関するアンケート調査」（2012年11月）

がら半数弱の企業が後継者育成に関心を寄せており、税務に関する項目を大きく凌駕している。これは経営者の悩みの裏返しであろう。このアンケート調査は中小企業を対象としてＦＢに限定した調査ではないが、おそらくそれほど結果に差があるとは思われない。むしろＦＢのもっとも大きな課題、すなわち永続的な経営の確立を考慮すれば、後継者の育成はより強い関心事であると言えるだろう。

●後継者育成の難しさ

事業承継最大の難事として後継者の育成が取り上げられるのはなぜだろうか。

筆者らは大きく3つの理由があると考えている。

第一に、後継者の育成は息の長い取り組みだからである。税務のように勉強したり、専門家からアドバイスを受けて比較的短期で対応を行うようにはできない。経営の修羅場を1つひとつ乗り越えて、初めて経営者としての成長を見ることができる。座学で一方的に知識を注入しても経営者にはなれない。実際、筆者は後継者育成のコンサルティングをこれまで多くの会社で行ってきているが、もっとも長くお付き合いしている企業では、すでに20年近く後継者をまじかで見て、その成長を陰ひなたで応援してきている。

第二に、当たり前のことだが、後継の対象者は人間であり、感情を持っているからである。ロボットを作ったり、みかんを作ることとは次元が異なる。経営者には様々な場面で損得を超えた価値観や人生観が必要となる。小手先の経営論を教えても、実際の現場で必要になるのは、もっと奥深いところにある、ものの考え方であったり、ピンチをどう切り抜けるかという胆力であったりする。そういうものをいかに身につけていくかという観点が必要である。場合によっては、たとえファミリーであっても「継ぎたくない」という後継者が出てくる可能性すらある。

第三に、社員の存在がある。後ほどステークホルダーのところで述べるが、筆者らは、ステークホルダーの中で後継者にもっとも厳しいのは、実は社員であると感じている。特に先代が創業者であったり、中興の祖であったりすると、社員は無意識に先代と後継者を比較してしまう。取引先や金融機関は、後継者で株式を保有している人材をぞんざいには扱わない。しかし、社員は自分の人生を賭けるに値する人物かどうかを冷静に、そして厳しく見ているものである。それにいかに打ち勝って、自分の経営者としての位置を勝ち取っていくか、そうしたことを後継者は成し遂げていかなければいけない。

上記の3点を念頭に置いたとき、後継者の育成に必要なものとは何であろうか。それはどのようにトレーニングしていけばよいのだろうか。当然、人間が人間を育成する以上、企業によってケースバイケースの対応が取られるものの、筆者がこれまでFBの現社長や後継者とともに歩んできた内容を振り返ると、ベースとなる考え方があるように思われる。本章はこのテーマに触れていきたい。

4-2 ＦＢ経営者が身につけるべきこと

●経営の礎となる「価値観」

筆者の経験から、ＦＢ経営者が身につけるべき内容をまとめると、**図表4－2**のような三階層で表される。

第一階層は「創業者の考え、思想、経営理念」である。

ＦＢ経営者にとって、すべての要になるところで、ファミリーであるがゆえにもっとも奥深いところで共感、共有しなければならない大切なところである。言い換えれば、ＦＢのＤＮＡと言える部分で、後継者が小さいころから見聞きして学んでいく人間形成的な部分に関係するところである。

創業者がなぜこの会社を興そうと考えたのか、創業者がどのような野望を持ったのか、創業者が大切

図表4-2◆FB経営者が身につけるべき三階層の能力

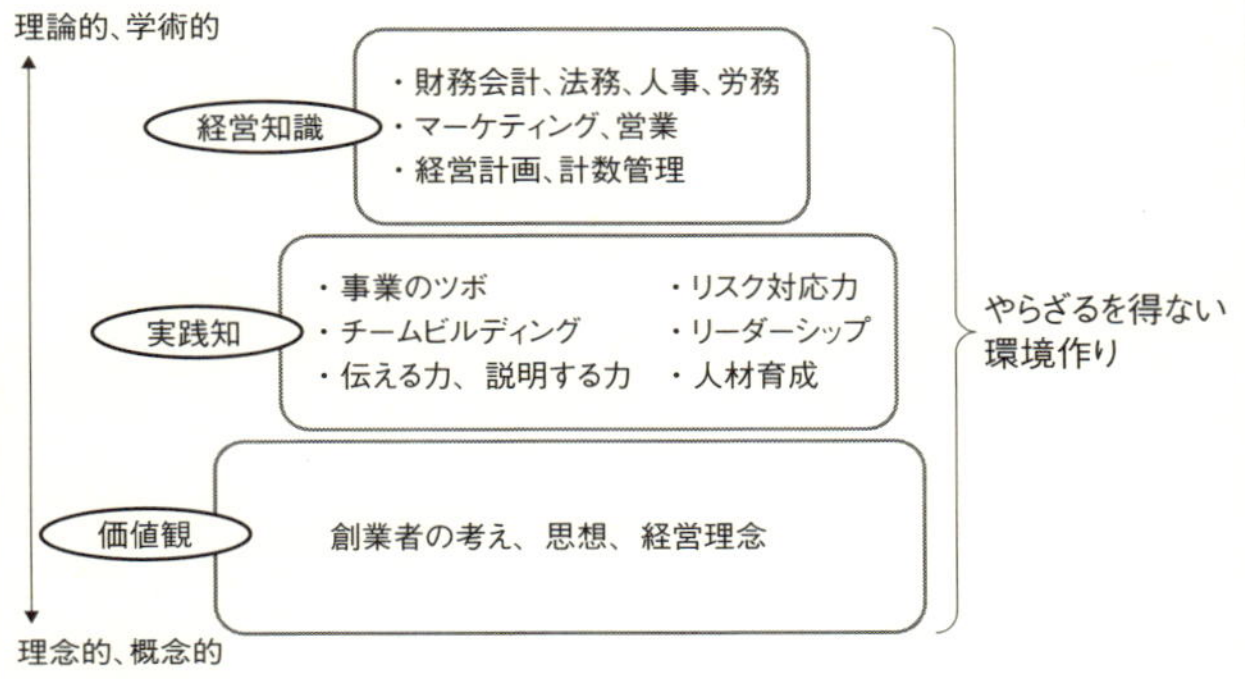

（出所）筆者作成

にする経営の教えとは何か。こうしたこととは、経営者の近くで常に一挙手一投足を見続けることで強く共感され共有されるものであろう。後継者育成に成功した企業経営者は、異口同音に「後継者が小さいころから、いずれ経営者になることを噛んで含めて話をしてきた」と語っている。

創業者が日々発する言葉は、そのまま会社の理念となり、その行動様式が経営の思想となる。創業者が苦労を重ねて、その中から普遍的に導き出したものであるから、その企業のベースとなる価値観と言ってよいだろう。それは、会社が危機に陥ったとき、社員が判断に迷ったときに拠って立つ価値観となる。

創業から年数の経つ企業であっても、FBは創業の心を大切にする企業が多い。例えば、第5章で詳述する朝日インテックが今でも大切にする創業者の教え、「現場百回」はこれに相当する。同社は、ステンレスの産業用ワイヤーロープ製造から出発したが、その後第二創業によって、医療向けワイヤーの製造に進出し、大成功を収めている。同社の創業の教えは製品やテクノロジーが変わっても不変のものとして今も経営の礎になっている。

つまり、FBにおける創業の精神とは、会社が続く限り不変であり、技術が変化して、行う事業が変化しても不変なものである。筆者は後継者育成をお手伝いする際に、必ず最初にその企業の社史を読むことにしている。社史はその企業がピンチのときにどのように切り抜けてきたか、そのときの考え方や姿勢はどういうものか、ということを如実に教えてくれるからだ。

やらざるを得ない環境作り

創業者の考えを理念的、概念的なものと位置づけると、その対極にある理論的な枠組みが、最上段にある「経営知識」となる。この部分は、いわゆるMBA（経営大学院）でその理論とフレームワークを身につけることができる。論理的でない経営はステークホルダーから信頼を得られないので、これもFB経営者に必須のところである。

また、**図表4−2**の右端にある「やらざるを得ない環境作り」ということも大事な要素である。これは後継者が自らのおカネで株式を買う、個人保証でおカネを借りるといったことを意味するのだが、要は本気で取り組まないと、企業が倒産して一家がどうなるか分からない、という感覚を身につけるということである。おカネの苦労は経営をやったものにしか分からない。このような苦労を経験することで、同図表の左側にある経営者必須の身につけるべきノウハウ取得に貪欲になるということである。

4-3 実践知こそ経営者の大切な要素

●実践で身につける実践知が重要

この三階層フレームで筆者らが表現したいことは、ＦＢの後継者がＭＢＡを取得しただけでは、良き後継ぎにはなれないということだ。もちろん、経営的な知識は経営者になるために必須要件なのは前述のとおりである。ただし、より正確に言えば、経営知識は必要条件ではあるが、十分条件ではないということだろう。実際に筆者はＭＢＡを修了し、10年間経営コンサルタントをやってきて経営的な知識を多く身につけてきたが、その後自ら起業して経営する中でより多く必要とされたことは、「実践知」に属することであった。

実践知とは、実践の中で培われる知識やノウハウを指しており、前掲の**図表4－2**で真ん中に位置づけられたところを指す。

実践知はうまく言葉にできないことが多い。確かにそのノウハウや考え方は存在するのだが、言語化すると薄っぺらくなり、話し手が話す言葉を受け手が理解できなかったりする。何度も経験を繰り返して、修羅場をくぐり抜けることで、こういうことかと気づくのが実践知である。

例えば、経営コンサルタントに必須となるスキルのひとつにファシリテーション能力が

図表4-3◆実践知とはいかなるものか

■実践知とは、経験の反復により紡ぎ出される知識、ノウハウのことであり、実践知を表出化させ理解可能な形に加工することで価値を持つ。
■後継者に実践知を共有（＝共体験）することで、知的刺激を受け経営力が向上する。

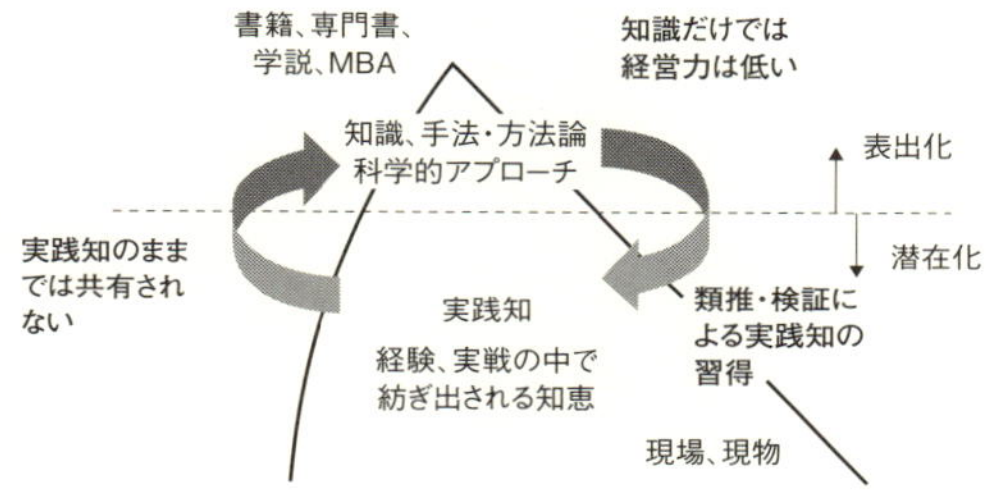

（出所）野中郁次郎「フロネシスとしての戦略」『本田財団レポート』No.119、2007年1月を参考に筆者作成

ある。ファシリテーションとは、複数人が参加するディスカッションで各人の意見を尊重しながら、参加者の意見を統合したり、議論の方向性を揃えることで相互理解や合意形成に持っていく技術のことである。実は、このファシリテーションがコンサルタントの中でも巧拙がかなり出る分野である。それはなぜかと言うと実践知の部分が多いからで、人から教えられてすぐできるようになるものでないからである。場数を踏んで何度も失敗しながら、経験の反復の中で会得する必要がある。筆者の持っているファシリテーション技術を人に伝えようと要素分解していっても、何も残らなくなってしまう。つまり、分解して説明しようとしてもできないのである。

●実践知は実践の中で身につけられる

歌舞伎の演者が成長していく過程を「守《しゅ》破《は》離《り》」と表現することがある。守とは先人を何度も見よう見まねで真似ていくことであり、真似て、真似て、ようやくその神髄が分かったなら初めて自分の個性を出す、それが「破」、「破」が観客に受け入れられて、初めて独自の芸を披露できる「離」に達するという教えである。これはやはり、歌舞伎の世界は教えられて芸が身につくものではなく、実際に先人が舞台で演じるところを観察し、その一挙手一投足を真似るところから始めよ、ということなのであろう。

プロの世界にはこうした実践知に類する話が多い。

プロ野球の野村克也氏が著書でこんな話をしている。かつて野村氏が現役時代、打撃の神様と言われた川上哲治氏が打席に立つ前に、地面すれすれにスイングをしているのを見た。まるでゴルフの練習をしているようだったが、あの神様がやることだからと、若き野村氏は見よう見まねで、そのゴルフスイングを真似したそうだ。やがて、野村氏が三冠王を取るほどの名バッターになったころに、そのスイングが体を前に突っ込まないようにするためのスイングだったことに気づいたという。

このように実践知とは、実践の中で経験の反復や深い観察の中で身につけられるものを指している。経営の中にもその実践知が多く存在しており、この習得こそが経営にもっとも大切なスキルとなると筆者らは考えている。

4-4 指示命令で人は動かない

●あるFB後継者の挫折

筆者が育成を支援した後継者の中で、過去にこんなことがあった。

ＭＢＡを取得した40歳ほどの若手経営者候補がいた。彼はＦＢの後継者だったので、まずＭＢＡで知識を身につけてからその会社に入社したのだ。ＭＢＡで得た知識は彼の自信になっていた。彼は任された部門の計数管理を強化し、ＩＴ技術を導入することで、万年赤字だった部門の黒字化に向けて改革を始めた。また、インターネットを新しいチャネルとして注力し、その会社にこれまでなかった販路を作ろうとしていた。

数字的には改革はうまくいっているように見えた。しかし、最終的に黒字化は実現できなかった。事業部の社員は最初のころこそ、その後継者が話す経営知識に興味を持っていたものの、徐々に心が離れてしまい、最終的には彼の指示に渋々従うようなそぶりを見せていた。

この後継者の言っていること、採用した施策は理にかなっていた。彼が社員の気持ちをつかめなかった理由は、経営戦略の良し悪しではなかった。戦略がいくら理にかなっていても、社員がその気にならなければ組織は動かない。にも関わらず、彼はＭＢＡの教えを忠実に実行しようと考え、業績評価制度を変えて成果主義的評価を強め、その代わりに自分の指示命令に部下を従わせようとしたのである。つまり、彼は権限を持った人間が指示命令を下しさえすれば人は動くと考えていたのだ。

ＭＢＡの教員がそういう教え方をしたわけではないだろうが、論理的な学問体系の中で学ぶことと、実際に現場で起こることにはかなり差がある。人間は、何をやるべきか、なぜ自分がそれをやるべきか腹に落ちて初めて動く。残念ながら、そのＦＢ後継者は納得・感動で人が動くということを経験的に分かっていなかったのだ。

●場に飛び込まなければ実践知は身につかない

こうした点を座学で教えるのは難しい。

その時々で状況が変化する実践の中で、特に人間という感情を持った相手に対しては、こうすればこう動くというマニュアルじみたものはない。当然個々の人間はそれぞれの考え方を持っており、その人間が納得した目標しか達成されない。

ＦＢの後継者であるから、表立って反論する社員はそれほど多いわけではないだろう。しかし、後継者だからといって部下の意に沿わない仕事を命じても、部下本来の実力が発揮されるわけではない。これは部下と相対した場数で分かってくる実践知である。

それは、経営者でなくても、部門を率いる部長課長でも同じではないかと思われるかもしれないが、経営者と雇われた者との間には大きな溝が存在し、まったく同じ立場にはなれないものだ。

同様に、良いチームとはどうすれば作れるか、というのも実践知である。俗にチームビルディングという言葉を使うこともあるが、教科書的には一人ひとりがやりがいを覚え、個々人が力を合わせて1つのことを成し遂げたときに、そして構成員一人ひとりが心からそれを喜ばしいと思うときに、チームは最大限の成果をあげる。

座学で教えようとするとこういうことなのだが、実践することは難しい。

管理職の立場の方なら、どなたも経験があると思うが、「親の心子知らず」というか、トップがこれほど旗を振って、自らが率先して動いても、部下はなかなか動いてくれない。一人ひとりと面談し、あなたのやりがいはこうだと話しても馬耳東風だったりする。

もちろん、良いチームというのは存在するし、熱気を帯びたチームが素晴らしいパフォーマンスを発揮することは確かである。しかし、それを学ぶにはその中に飛び込むしかない。飛び込んで、そのチームリーダーをひたすら観察する。その反復の中で自らの気づきを得て、それを自分流に解釈して自分の言葉で話せるようになるまで考えなくてはならない。ともにその場を経験することでしか、学べないことがあるのだ。

4-5 ステークホルダーと向き合う

4-3の歌舞伎における「守破離」の例でも述べたが、実践知を体得するには、実践知を持っている人の一挙手一投足を観察し、真似るという経験の中で気づきを積み重ねていくしかない。これを共体験と呼ぶ。実践知は、現場で共体験していく中で身につけられる。そして、その中にこそ、ＦＢ経営者にとってもっとも習得が必要なものが存在する。

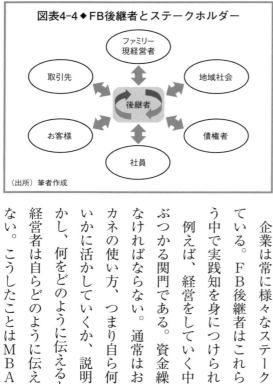

図表4-4◆FB後継者とステークホルダー

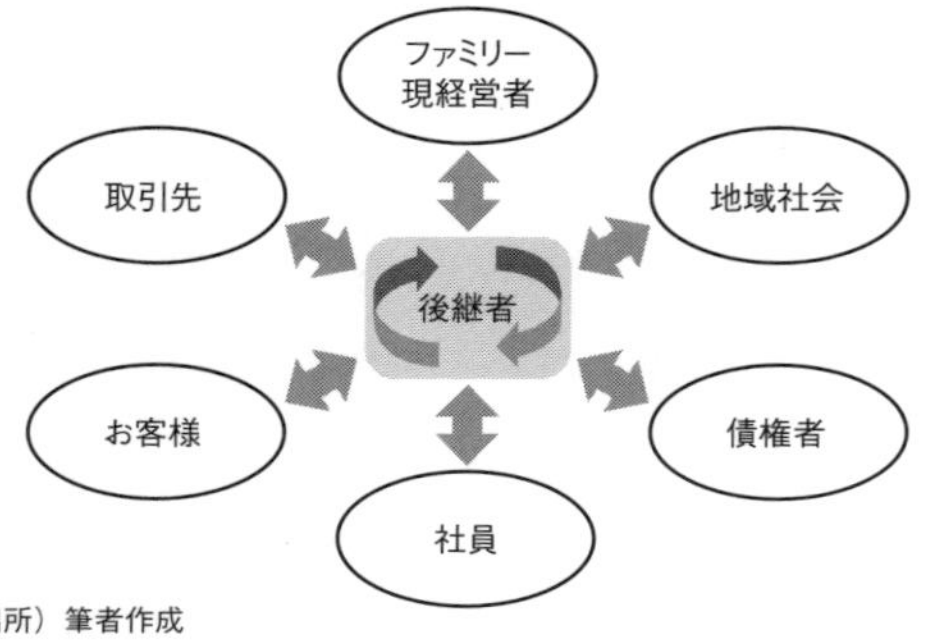

（出所）筆者作成

企業は常に様々なステークホルダーと接して成り立っている。ＦＢ後継者はこれらステークホルダーと向き合う中で実践知を身につけられる。

例えば、経営をしていく中で資金繰りはどの経営者もぶつかる関門である。資金繰りが苦しくなれば借金をしなければならない。通常はおカネを借りるには、そのおカネの使い方、つまり自ら何を企画し、借りるおカネをいかに活かしていくか、説明し伝える能力が必要だ。しかし、何をどのように伝えるかは、債権者により異なる。経営者は自らどのように伝えるべきか深く考えねばならない。こうしたことはＭＢＡでは教えてくれない。やはり経験の中で身につけていかねばならない。経営者であれば、誰でも資金繰りの苦しさを何度か経験しているはずだ。また、冷や汗をかいたりすることもあるだろう。こうしたぎりぎりの修羅場をくぐり抜ける中で、実践知は身についていくことになる。

4-6 社員が後継者を育てる

●社員は冷静な観察者

筆者らは、FB後継者が向き合うべきステークホルダーでもっとも大切なのは社員だと考えている。株式を持ち、人事権も有するFB後継者にとって、社員と向き合うべきと言われると意外に感じるかもしれない。社員は後継者に表だって意見をしたり、感想を述べたりはしないだろう。しかし、社員は自分の人生をこの人に託せるかどうか、自分は人生をこの会社に賭けられるのか、冷静な目で見ている。特に先代が創業者であったり、中興の祖であったりすれば、なおのこと社員は無意識のうちに先代と後継者を比べるものだ。後継者は、そうした社員を納得させ、ついていくに足る人物だと思わせないといけない。これはとても難しいことである。

●人は自分の顔を自分で見ることができない

筆者は新任役員のコーチングを仕事として引き受けている。コーチングとは、良質の質問を投げかけて本人が気づきを得たり、自らの考えを整理したりするコミュニケーションプロセスのことである。一方的に知識やノウハウを説明し、教えるティーチングとは異なる。コーチングは深く物事を考えさせたり、内的なヒントを引き出したりすることで、自らのビジョンに向けて歩む支援をすることである。

筆者がそのコーチングで最初に行うことは360度調査である。360度調査とは、コーチング対象者のマネジメントスタイルを部下や上司の意見をもとに分析することである。通常、上司部下は匿名で回答してもらうので、対象者にとっては厳しい意見が出ることもある。筆者はコーチングにおいては、この最初の360度調査が必須のプロセスであると考えている。なぜなら、人は自分の顔の表情を自分で見ることができないのと同じように、自らのマネジメントスタイルを客観的に評価することが難しいからである。つまり自分では正しいと思っていることも、客観的に見ると結構バランスを欠いていたりするのである。特に、部下からの調査結果は大変効果がある。部下は見ていないようで、上司の一挙手一投足や発言を非常によく見ている。その部下から率直に出される意見は、新任役員にとって自分に何が足らないのかを省みるもっとも効果的なツールである。

同様に、ＦＢ後継者も社員と向かい合い、仕事をする中で、自らのマネジメントスタイルを考えることになる。これによって、様々な気づきを得ることになるだろう。前述のMBAを取得した後継者のように、自分の考えで進めたことが裏目に出ることもある。そこで、賢明な後継者はたくさんの実践知を得ることになる。もっとも身近で、もっとも接する時間が長い社員と向き合うことにこそ、そしてどのように信頼を勝ち得るか悪戦苦闘する中に後継者として学ぶべきことが隠されている。

4-7 分社化による後継者育成法

●分社化で後継者育成の総仕上げ

筆者がFB後継者を育成する際に使うやり方として、現在の会社の既存子会社、あるいは一事業部を分社して法人格を持たせた会社を利用する方法がある。そのトップに後継者を据え、筆者のようなコンサルタントなど、外部のアドバイザーが社外取締役となって後継者をサポートするのである。小さくとも分社された事業部は、会社としての機能をひと揃え持ち、もちろん経営を誤ると倒産する。一事業部であれば、経営がうまくいかねばその事業部がなくなることはあっても倒産はしない。しかし、分社され法人格を持った組織は実際に倒産する。倒産するかしないかの違いは、雲泥の差がある。

特に、赤字会社、赤字部門の立て直しを後継者に任せることが適する。分社の場合はもちろん資本金の算定や貸付金の交渉からすべて後継者に任せることが大事である。後継者を取引先で修業させたり、自社に入社した場合に現場から経験させることが効果的であることは論をまたない。分社化育成法は、その最後の場面に適する方法である。

図表4-5◆分社化による実践知習得法

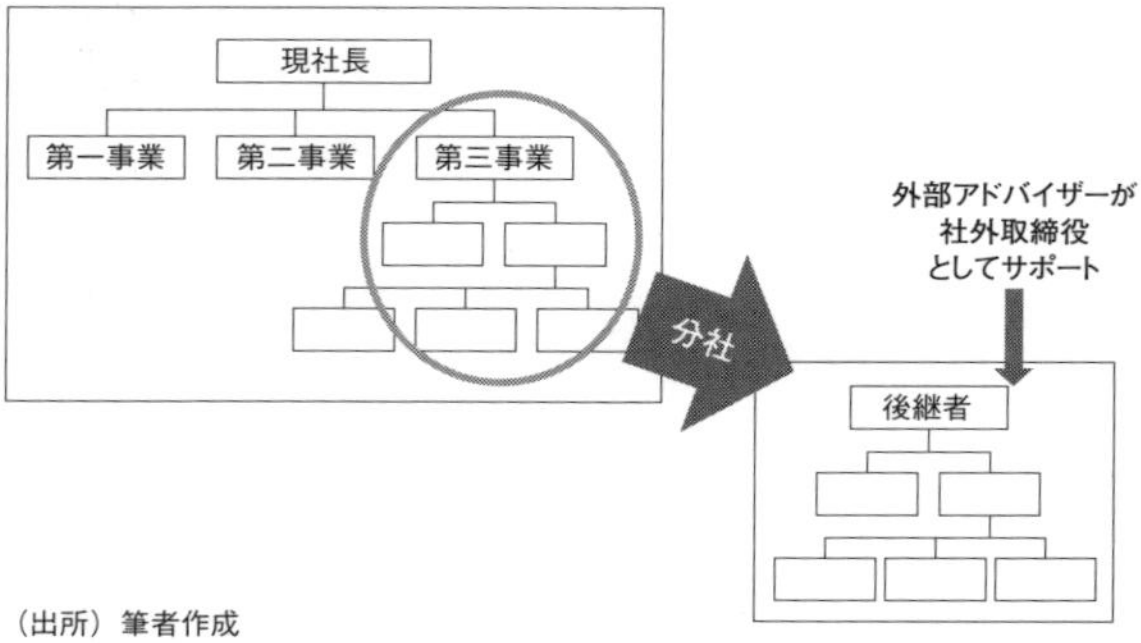

（出所）筆者作成

分社化で経営を経験することの意味

経営は、本章の最初に提示したとおり、三層構造の知識ノウハウを使っての総合格闘技と言える。そして、その中でもっとも大切なのは中層の実践知であると申し上げた。実践知は実際の現場での経験の反復のもとに身につけられる。分社化された会社の実際の経営の中で、特に状況が切迫している赤字会社であれば、短期と中期の両方に目配せしながら、次々に手を打っていかねば経営が行き詰ってしまう。したがって、分社化された会社そのものが後継者にとっても実践の場であると言える。

分社化をする意味は、仮にこの会社の経営が行き詰っても本体に大きな影響が出ないという点もあるが、小さい組織であるがゆえに、組織の隅々まで見ることができる点と、経営者が下した決断がモロに経営に影響を与えるということにもある。後継者は意思決定の大切さと難しさ、一瞬一瞬の緊張感を体験することになるだろう。

通常は3年間程度の期間で黒字化と後継者の経営者としての成長を両立する。3年程度とするのは、組織変更や人事制度刷新など一連の組織施策の効果が出てくるのに、最低それくらいの期間が必要だからである。

外部アドバイザーが社外取締役で入る意味は、黒字化と後継者の成長の両取りを達成するためである。ただし、分社したとしても後継者の育成は本体を含めた全員で行うことが必要である。後継者の育成を外部アドバイザーに丸投げしても、良い経営者は育たない。

●外部アドバイザーの選び方

最後にこうした外部からのアドバイザーをいかに選ぶべきか、筆者の経験をもとにまとめたい。第一にリスクを取れる人材かどうかである。後継者の育成は長期的でかつ難易度が高い。ときには後継者と口角泡を飛ばして激論しなくてはならない場面もある。時々来社して高いところからモノを言うだけの税理士やコンサルタントでは勤まらない。社外取締役となったり、ときには分社した会社に資本参加するなど、リスクを取ってやる気構えのある人物が必要である。そうであって、初めて後継者に本気度を伝えることができる。

第二に経営経験があること。同業である必要はない。また企業の大小はあまり関係がないが、数年程度の企業トップの経験があることが望ましい。経営で苦労した経験の中でしか実践知は身につかないからである。数年経営をしていれば、何度か厳しい現実を乗り越えてきているはずだし、眠れない夜を過ごした経験もあるだろう。そうした経験が後継者育成にとって、もっとも大切な教えになるはずだ。

そして最後にコーチングを学んだ人物が好ましい。有資格者である必要はないが、後継者とてプライドがあり、一人の人間である。その人間性を尊び、相互の信頼関係を築いていかなければ後継者の育成はできない。そのときにコーチングは大きな武器になる。社員のモチベーションを上げるにはどうすればよいか、といった漠然とはしているが、経営にとって必須のテーマをともに考えていくには、良きコーチがいることが絶対条件である。

第5章

次世代経営者に求められる第二創業

「社員の意識を変え、第二創業でビジネスを変える」

5-1 第二創業の持つ意味とは

第二創業という言葉に聞き覚えはあるだろうか。政策金融公庫の『第二創業の手引（平成25年版）』では、第二創業とは「経営環境の変化に合わせて新たな商品を開発したりサービスの提供を行ったりすることで、自社の経営を柔軟に変化」させることであり、「客観的に自社を見なおして、新たに創業するがごとく経営の多角化や事業転換などを図ること」であると定義している。第二創業のタイミングは様々だが、多くのＦＢでは後継者が事業を引き継ぐ際などに、新分野や新事業に進出したり、業態転換を行ったりすることが第二創業にあたると言えるだろう。

では、ＦＢにおいてなぜ第二創業を行うことが必要なのだろうか。ＦＢの中には、いわゆる有名な老舗ブランドなども含まれる。こうした企業では、昔からの伝統を守っていくことこそが重要であり、第二創業の必要性はそれほど高くないようにも思われる。しかしながら、ＦＢにおいては、ＦＢが長い期間存続するからこそ、第二創業が必要とされるのである。第3章で取り上げた宇津救命丸では、創業から４００年以上の歴史の中で、特に明治時代以降には30年ごとに危機が訪れ、経営上の変革期を迎えている。そのような中で、１９０６年（明治39年）に小児専門薬に絞り込み、また１９８４年（昭和59年）には子ども向け風邪薬を発売、以来小児薬シリーズを拡大してきている。

第二創業は、時流に合わなくなったビジネスを変革し、事業形態を転換していくことである。かなりの長期間にわたる永続性が求められるＦＢにおいては、第二創業は極めて重要である。ここでは、高級ブランドの代表格として知られるエルメスを事例として取り上げ、ＦＢにとっていかに第二創業が重要なのかを検討することとしよう。

ケース　エルメス・インターナショナル[1]

エルメス・インターナショナルは、フランスの皮革製品・服飾グループの持株会社であり、主力である皮革製品・スカーフ、既製服、時計の他に、香水、食器、靴、宝飾など14の事業をグループ企業として抱えている。エルメスの創業者であるティエリ・エルメスは1817年に生まれ、その後1837年にパリで馬具工房を創業する。この当時のパリは、ヨーロッパの中核都市として大きく発展しようとしていた。そのような中、上流階級の人々はパリの郊外に屋敷を構え、パリの中心部との間を高級な馬車で行き来するようになった。さらに、乗合馬車が大衆にも広く使われるようになると、次第に馬車は上流階級のみの乗り物ではなくなっていく。このような中、馬具の製造は当時の花型産業だったのである。しかしながら、3代目のエミール・モーリス・エルメスの代になると、人々の移動手段は大きな変化を遂げる。自動車の普及の始まりである。1903年にはアメリカのヘンリー・フォードが自動車の大量生産を開始し、これまで馬や馬車に乗っていた上流階級や中産階

1　本章におけるエルメスの事例に関する記述は、齋藤峰明・栗島浩二「エルメスにおけるブランドの伝承と発展」（『立命館経営学』第42巻第2号、2003年7月）に基づいている。なお、共著者の1人である齋藤峰明氏は当時エルメスジャパン株式会社代表取締役社長であり、2014年1月現在、エルメスフランス本社の副社長を務めている。

級の人々は自動車に乗り換えていくこととなる。これを見て、エミール・エルメスは、「このままでいくと馬具製造販売業は危うい」と考えた。実際、1920年ごろまでに、交通手段は馬から自動車へと急速に置き換えられていくこととなる。そこでエミール・モーリス・エルメスが行き着いたのが、自社の技術をトランクやバッグに活かすことであった。最初は鞍を入れるバッグを作っていたが、次第に主力製品は自動車に載せるためのバッグへと変わっていった。エミール・モーリス・エルメスのこの決断は、エルメスを救うこととなる。自動車の普及により、以前にもまして人が移動するようになり、バッグやトランクの需要が増大したのである。しかも、当時自動車に乗っていた人たちは上流階級・中産階級であり、かつてからエルメスの得意客であった。さらに、バッグの製造にあたっては、これまでエルメスが馬具製造で培ってきた皮革の加工技術を活かすことができた。馬具製造の伝統技術を守るために、あえて新しい製品の製造に乗り出すことで、エルメスはラグジュアリー・ブランドへの第一歩を踏み出したのである。もし馬具の製造そのものにこだわっていたら、現在のエルメスは存在しないであろう。モータリゼーションという時流に合わなくなったビジネスを見直し、自社の強みを活かす形で新たな事業に乗り出したからこそ、エルメスは現在まで存続することができたのである。ちなみに、エルメスは現在もFBであり、現CEOのアクセル・デュマ氏は創業者一族の出身である。[2] この事例からも、永続性が求められるFBにおいて、企業を再び成長軌道に乗せ、活力を取り戻すために第二創業が如何に重要であるかが分かるだろう。

2　2013年6月14日付日経MJ（流通新聞）第7面。

5-2 創業と第二創業

●最大の違いは、既存の経営資源の有無

通常の創業と第二創業の違いは何だろうか。おそらく最大の違いは、既存の経営資源の有無であろう。通常の創業の場合、既存の経営資源は皆無であるからその点を考慮する必要はないが、第二創業の場合、既存の経営資源を無視して行うことは通常できないと考えるべきである。

既存の経営資源の存在は、第二創業に対するアドバンテージを与え得る。言葉を変えれば、ＦＢにおける第二創業の大きな特徴のひとつは、従来からＦＢが保有している既存の経営資源があることにより、その強みを活かした展開が可能であるということである。ＦＢが長期間生き抜くことができたのは、既存の経営資源が強みとなっていたからである。こうしたＦＢにとっての強みの根幹を成している経営資源を活かしていくことは、第二創業にとって極めて重要な条件となる。例えば、先に挙げたエルメスの場合であれば、その強みは馬具の製造技術、皮の加工技術であった。また、馬具製造を通じて培われた上流階級や中産階級の人々に対する太いパイプを有してもいた。ただし、その強みはモータリゼーションという脅威にさらされていたのだが、エルメスは自社の経営資源をバッグやトラ

ンクの製造・販売に活かすことにより、第二創業に成功したのである。そこには、家業である馬具製造事業そのものを守るのではなく、その伝統・技術をいかに生き残らせるのか、という点でしたたかな計算が働いているように思われる。

●SWOT分析の重要性

こうした事例からも分かるように、第二創業を行うにあたっては、自社のSWOT分析をしっかりと行っておく必要がある。SWOTとは、自社の強み（Strength）、弱み（Weakness）、自社にとっての機会（Opportunity）、脅威（Threat）の頭文字をとったものである。SWOT分析においてよく用いられるフォーマットを**図表5－1**に、外部環境と内部環境を分析する際にチェックしておくべき代表的なポイントを**図表5－2**および**図表5－3**にまとめておく。SWOTを分析することにより、自社の強み、弱みを客観的に踏まえながら、如何にして脅威を回避し、機会を利用して第二創業につなげていくのかを検討することができる。このSWOT分析は、戦

図表5-1◆SWOT分析の枠組み

	Positive	Negative
内部環境	Strength（強み） •自社のビジネスにおいて競争優位を作り出している要因 •既存事業における成功要因となっている経営資源は何か	Weakness（弱み） •今後改善すべき点 •競合他社と比較して競争上劣っていると考えられる要因は何か
外部環境	Opportunity（機会） •今後、ビジネスの成長機会になりうる環境要因 •市場・顧客、競合、外部環境がどのような機会をもたらすのか	Threat（脅威） •ビジネスを展開する上で脅威となりうる項目 •市場・顧客、競合、環境の変化が自社のビジネスの付加価値を毀損しないか

（出所）筆者作成

略策定を行う上で用いられる非常に基本的なフレームワークのひとつだが、第二創業の方向性を検討する上では非常に有効な局面が多い。外部環境が刻一刻と変化する中で、事業上の機会を利用し、脅威を乗り越えるために、自社の強みをどう活かし、弱みをどのようにして克服するのかをぜひ検討していただきたい。

その一方で、既存の経営資源は第二創業の足かせとなることもある。ＦＢの第二創業に

図表5-2◆外部環境分析の主なポイント

環境要因	主な論点
政治的環境	•自社のビジネスに関連する規制の枠組みの変化は? •新たな法律は自社ビジネスにどう影響を及ぼすか?
経済的環境	•個人所得、企業収益はどのように推移しているか? •金利、為替レートの変動は自社ビジネスにどう影響するか?
社会的環境	•人口分布、人口構成はどのように推移するか? •社会的現象、流行などはどのような影響を与えるか?
技術的環境	•新たな技術革新が自社のビジネスにどう影響するか? •新たな技術が自社技術の陳腐化を招くことはないか?
競争環境	•従来の競争相手はどのような戦略を採っているか? •新たな競争相手は誰か?どのような戦略を採っているか?
調達環境	•サプライヤーの数、競争構造などに変化は生じているか? •調達先を切り替えることで生じるメリット／デメリットは?
市場環境	•市場、顧客はどのように変化しているか? •新たな商品・サービスへの乗り換え可能性は?

（出所）筆者作成

図表5-3◆内部環境分析の主なポイント

環境要因	主な論点
調達・購買	•自社のバーゲニングパワーはどの程度か? •取引先との関係は良好か?
製造	•自社の生産体制、生産拠点配置は適切か? •自社製品の品質、コスト、納期管理の水準はどうか?
マーケ・販売	•自社の製品、価格、流通チャネル、広告・販売促進には競争力があるか?
サービス	•自社のアフターサービスの水準は充分か? •アフターサービスを提供する体制は適切なものになっているか?
R&D	•自社の研究開発能力はどの程度か? •研究開発を行う体制は十分整っているか?
人的資源	•社員の能力を養成し、また発揮させるための体制は十分か? •人員配置、年齢構成などは適切か?
その他	•自社のマネジメントは適切に行われているか? •財務的な視点で経営を管理できる状況は整っているか?

（出所）筆者作成

おいては、既存の技術、工場、社員が存在しているわけだが、例えば、社員が新規事業の展開について抵抗を示した場合、その実行は通常の創業よりも難しくなる可能性もある。事業をゼロから立ち上げるのであれば、それに賛同する人材を集めてくればよいが、第二創業の場合には、既存社員の意識を変えていかなければならないからである。この点については、第二創業と企業文化の変革との関わりについて、**5－5**でより詳しく検討することとしよう。いずれにしても、第二創業にあたっては、既存の経営資源の存在を前提として新規事業の展開や新分野の開拓を行っていくことを意識しておかなければならない。

5-3 いかにして第二創業を行うか？ ―2社のケースから―

それでは、いかにして第二創業を行っていくべきなのだろうか。ここでは、2社の第二創業のケースを取り上げて、第二創業の進め方、考え方を探っていくことにしたい。

1つ目の事例は、朝日インテック株式会社（以下、朝日インテック）である。朝日インテックは、元々工業用ワイヤーを製造していたFBだが、ある時期から心臓血管カテーテル治療のガイドワイヤー製造に乗り出し、世界でもトップレベルのシェアを獲得するに至った企業である。朝日インテックは、2004年7月にはジャスダック市場に、2005年6月には東証二部、名証二部に上場を果たしており[3]、現在も創業家が会長、社長の職を

3　その後、朝日インテックは2012年４月にJASDAQ市場の上場を廃止している。

務めている。

2つ目の事例は、本多プラス株式会社（以下、本多プラス）である。本多プラスは、プラスチックブロー成形メーカーであるが、経営者交代をきっかけに、新たな強みを創出し、従来とは違う「デザイン」という付加価値を有するプラスチック製品を提供することに成功した企業である。

それでは、早速2社の事例から、第二創業を行う上で重要なポイントについて探っていくこととしよう。

ケース　朝日インテック[4]

朝日インテックは、医療機器の開発・製造・販売およびステンレスワイヤーロープの開発・製造・販売を手がけるメーカーである（**図表5－4**）。創業者は宮田尚彦氏（現会長）であり、その創業は1976年（昭和51年）7月に遡る。朝日インテックが手がけるのは、ロープ径が2㎜以下のものであり、こうしたものは極細ステンレスワイヤーロープと呼ばれる。創業当初、朝日インテックが手がけていたのは産業用機器に組み込まれる、産業用部材としてのワイヤーロープであった。創業以来、産業用機器の小型・軽量化の波に乗ってこうした極細ワイヤーロープの需要は大きく伸び、朝日インテックもその業容を拡大していくこととなった。

4　本章における事例として朝日インテックを取り上げるにあたり、朝日インテック株式会社代表取締役社長宮田昌彦氏および同社社長室室長岩田英二氏にインタビュー調査へのご協力をいただいた。

図表5-4◆朝日インテックの事業領域

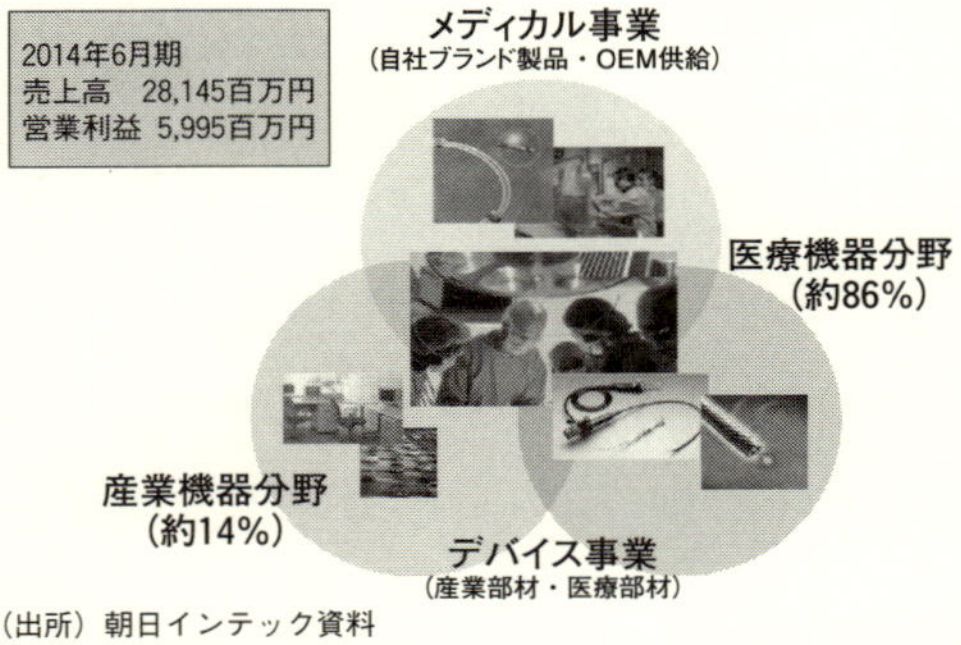

（出所）朝日インテック資料

しかし、1985年のプラザ合意に伴う円高局面は、産業用機器メーカーに対して大きなコストダウンを求めることとなる。このような環境変化は、産業機器産業における価格競争の激化を意味していた。そこで、朝日インテックは価格競争力を強化するため、初の海外生産拠点であるASAHI INTECC THAILANDを1989年に設立し、工業用アッセンブリーから全工程をタイへと移管した。その結果起こったのは、国内生産の空洞化であった。このような中、朝日インテックは、部材製造から最終製品メーカーを目指し、また高付加価値製品を求め、第二の事業を探索することとなった。このとき、異業種への参入を検討するにあたり、条件としたのは、以下の5つであった。

① 強みである「4つのコアテクノロジー」が活かせる事業か？
② 既存顧客と競合しない事業か？
③ より社会貢献できる分野か？
④ 成長性が見込める事業か？
⑤ 付加価値の高い事業分野であるか？

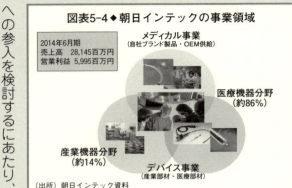

ここで、4つのコアテクノロジーについて説明しておきたい（**図表5－5**）。極細ステンレスワイヤーロープを手がける朝日インテックは、4つの技術的な強みを有していた。それが、伸線技術、ワイヤーフォーミング技術、トルク技術、樹脂コーティング技術である。朝日インテックで製造される極細ワイヤーロープは、さらに細い線材（素線）を撚り合わせることによって作られている。この素線は、ステンレスの線材をダイヤモンドダイスの非常に小さな穴に通すことで作られているが、その強度と線径を一定に保つことが要求される。こうした品質基準を満たすために必要とされるのが、高精度の伸線技術ということになる。さらに、こうした素線を撚り合わせるのにも技術が必要である。これがワイヤーフォーミング技術であり、ミクロンレベルでの成形を行うことで、ワイヤーの先端部が血管を傷つけないような、柔軟な構造を持たせることができる。

医療用カテーテル分野に進出する上で重要な技術の1つが、トルク技術である。医療用カテーテルでは、医師が手元で行った回転操作に応じて、先端部分も同じような回転を再現する必要がある。これが、医療用ガイドワイヤーに求められる回転追従性であるが、通常のワイヤー

図表5-5◆朝日インテックの4つのコアテクノロジー

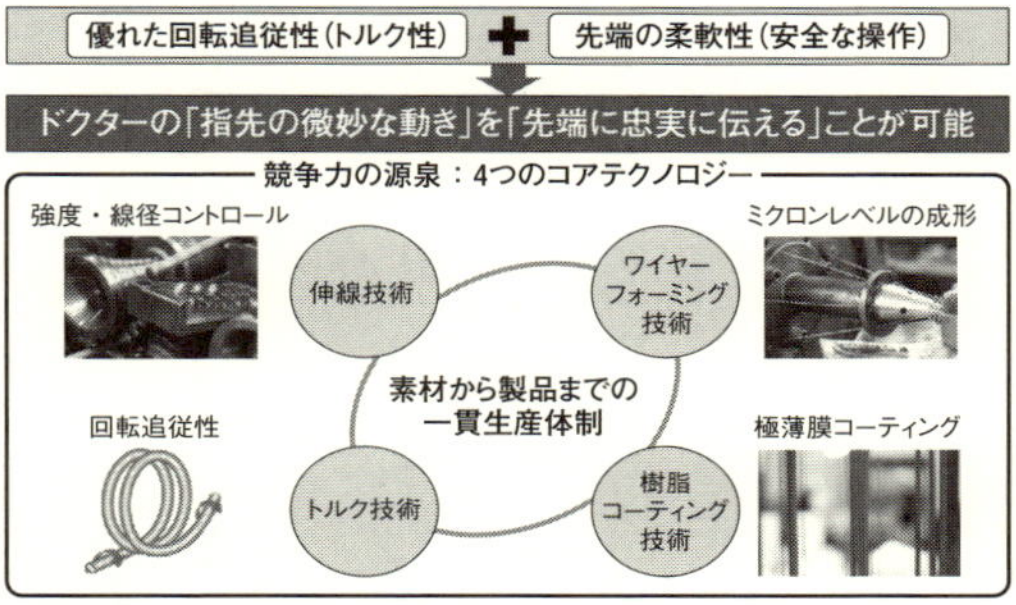

（出所）朝日インテック資料

ロープを使用した場合にはスムーズな回転追従性が得られない。この点を、朝日インテックは独自のトルク加工技術によってクリアすることに成功している。最後は、樹脂コーティング技術である。これは、ワイヤーの表面に極薄膜のコーティングを施すことにより、血管内でのワイヤーの滑りを良くし、造影剤を添加した樹脂をコーティングすることで、ワイヤーのX線による造影も可能にするために必要な技術である。

こうした自社の強みを発揮でき、かつその他の条件も満たし得る分野として朝日インテックが着目したのが、低侵襲治療製品であった。低侵襲治療とは、体にメスを入れることなく治療を行う、いわゆる内視鏡やカテーテルを使用した治療のことを指す。こうした低侵襲治療製品を手がけるにあたって、重要なきっかけとなったのが、1980年ごろにオリンパス社から内視鏡の操作用ステンレスワイヤーロープの製造を受注したことであった。こうした経験もあり、宮田尚彦氏は医療機器業界への参入を決意する。

しかし、工業用ワイヤーロープ製造メーカーであった当時の朝日インテックには、当然のことながら医療機器の製造ノウハウはない。そこで、朝日インテックでは医療機器業界の専門家を外部から招聘し、先に述べた4つのコアテクノロジーを組み合わせることで医療用業界に参入した。そして、1992年には、ついに心臓治療用のガイドワイヤーの製品化に成功するのである。その後、朝日インテックは柔軟な試作対応力とオピニオンリーダー的な医師との相互連携により新たな製品開発にも成功し、CTO（慢性完全閉塞）治療用ワイヤーでは世界で圧倒的なシェアを、PTCA（経皮的冠動脈形成術）ガイドワイヤーでは日本国内でのトップシェアを獲得するとともに、世界100ヶ国以上に製品を供給するに至っている。

2009年に2代目の社長に就任した宮田昌彦氏（宮田尚彦氏の長男にあたる）が朝日インテックに入社したのが、朝日インテックのメディカル事業のスタート時期である1994年のことであった。主に技術畑を歩んだ尚彦氏に対し、昌彦氏は医師との関係構築、国内外での自社販売網による直販へと切り替えるなど、主にマーケットサイドから第二創業を推し進めることに尽力した。自身の父が創業者の会社に入社するに至った経緯について、昌彦氏は創業者である父の次の言葉が入社のきっかけだったと述べている。

「朝日インテックの現在の業種にはこだわらずに、パブリックカンパニーを目指していきたい」

この言葉どおり、朝日インテックは第二創業に成功。2004年7月にJASDAQに公開、2005年6月には東京証券取引所および名古屋証券取引所市場第二部に株式を上場し、現在も業績を伸ばしている。

ケース　本多プラス[5]

本多プラスの創業は1946年（昭和21年）。本多克弘氏（現会長）の父である本多正造氏が終戦後、愛知県新城市に本多セロファン工業所（本多プラスの前身）を創業したのがその始まりである。当初は、セロファン製の筆用サヤ（キャップ）が主力製品であった。1965年、父の死に伴って克弘氏は社長に就任。克弘氏が26歳のときのことであった。

その後、克弘氏は事業の機械化を進め、プラスチックの中に圧縮空気を吹き込むことでプラスチックの成形を行う「ブロー成形」の技術を確立し、筆のサヤ以外の事業にも進出を図る。その中で生まれたのが、ナイロン樹脂製の修正液ボトルであった。ナイロン樹脂のブロー成形は非常に難しく、当初の不良率は50％に達したが、改良を積み重ねることでこれを克服。これまで使われていたガラス製ボトルの修正液に比べて利便性が非常に高かったため、本多プラスのナイロン樹脂製ボトルは急速に普及し、圧倒的な市場シェアを握るに至っている。その技術水準の高さから、本多プラスにはトヨタの系列に入らないかとの誘いが何度も合ったが、克弘氏はそれを断固として受け入れず、自分で考え、自分で作り、自分で売ることを選択した。その後、本多プラスは文具容器で確立した技術をベースとして、工具ケースなどにも進出し、その事業領域を拡大していく。これが、今日の本多プラスの源流となっている。

その後、本多プラスにとって大きな転機となるのが、1997年に克弘氏の長男にあた

5　本章における事例として本多プラスを取り上げるにあたり、本多プラス株式会社代表取締役社長本多孝充氏および同社社長室室長代理大村昌詳氏にインタビュー調査へのご協力をいただいた。

る本多孝充氏（現社長）が入社したことである。孝充氏は、地元の高校を卒業後上京、音楽活動を行いながら経営学を学んだ後、叔父の会社である本多電子株式会社に入社。そこで超音波機器の営業として勤務した後、渡英してMBAを取得し、その後本多プラスに入社している。入社時の肩書は取締役経営企画室長兼営業本部長であった。孝充氏は、文具分野に偏っている自社の売上構成に大きな危機感を覚え、目薬などの医療用容器や、化粧品容器への進出を推し進めることとなる。当時の状況について孝充氏は、「コストカットをひたすらに続けていく業界で生き残ることは難しい。本多プラスのコア技術を活かして、付加価値の高い製品を創り出すことのできる分野に進出しなければ、本多プラスは死んでしまうという危機感を持っていた」と語っている。化粧品の容器などを手がけるにあたって重要となるのはそのデザイン性であると考え、孝充氏は化粧品メーカーの営業に赴くものの、色良い返事は得られない。メーカーの購買・資材部門は「デザインよりも価格」を優先せよというスタンスで、本多プラスにデザイン力を求めていなかったのである。そんな中、孝充氏は成形用の金型製造技術を磨きつつ、製品の見せ方について研究を重ねた。その結果、小型容器において重要な、肉厚の均一性を作り出す技術を高め、液漏れを防ぐ気密性を実現できる技術を確立することに成功している。また、見せ方の工夫を重ねることで、メーカーの商品企画に対して製品提案を行うことができるようになり、現在ではデザイン性の高い化粧品容器が主力製品の1つに育った（**図表5－6**）。その過程で、2001年にはパッケージのデザインから素材開発、金型製作までを一貫して手がける戦略拠

図表5-6◆本多プラスが手がける化粧品容器

（出所）本多プラス資料

点（ブローラボ）を、２００６年には東京南青山にデザインクリエイティブオフィスを設立。孝充氏がクリエイティブディレクターに就任し、ブロー成形をコアにしたクリエイティブ事業を開始している。現在では、売上高の60％を提案型営業によるビジネスが占めているという。

本多プラスがデザイン性の高いプラスチック容器の提案型事業を進める上でこだわったのが、新卒採用によるデザイナー人材の獲得であった。化粧品などの新分野に進出する前の本多プラスにおいては、デザインを重視するという考えは社内にまったくなかった。そんな当時の状況について、孝充氏は、「社内の会議でこれから本多プラスは小型ブロー成形メーカーではなく、パッケージメーカーを目指すべきだと主張したら、それはうちの仕事ではない、という意見が多数を占めていた」と語っている。そんな中、２００３年ごろから新卒学生の採用を始め、芸術系大学の卒業生を新規に採用することで、デザイン提案営業ができる体制を整えていく。このとき採用した新卒第一期生は、現在でも同社でデザイナーを務めている。こうした新たな社員が増え、デザイン性の高い容器の受注が増えていく中で、徐々に社員の意識が変わっていったという。孝充氏は、第二創業の難しさについて、次のように語っている。

「第二創業の難しさは、すでに持っている経営資源があることです。従来からいる社員の意識を変え、新たな事業コンセプトを定着させることは本当に難しい。これを実現するためには、経営者が会社、企業文化を変えるということに対して猛烈な積極性を持つことが必要です」

2011年に孝充氏は代表取締役社長に就任。その後、PET樹脂の再生材料を用いたBtoC向け製品「ame」の販売を開始し、2013年12月には初の海外工場となるベトナム工場を稼働させ、海外市場開拓の橋頭堡とするなど、本多プラスは未来に向かって走り続けている。

5-4 第二創業の必要条件

●第二創業にあたって必要なポイントは

朝日インテック、本多プラスの第二創業の事例を、第二創業前のＳＷＯＴ分析（**図表5－7**、**図表5－8**）に基づいて整理すると、外部環境の脅威と経営者の不退転の決意、技術に対する不断の努力、市場探索力と事業創造力、外部資源の活用力という4つの共通した要因が浮かび上がってくる。これら4つの要因に加え、次世代経営者による第二創業の推進力というもう1つの要因を加えた5つが、第二創業において必要な条件になっていると考えられる。これらのどれか1つが欠けても、第二創業を成功させることは難しくなる。

ここでは、それぞれについて見ていこう。

図表5-7◆第二創業前のSWOT（朝日インテック）

	Positive	Negative
内部環境	Strength（強み） •4つのコアテクノロジー（伸線技術、ワイヤーフォーミング技術、トルク技術、樹脂コーティング技術） •スピードと試作対応力	Weakness（弱み） •医療機器製造ノウハウの不足 •（国内生産における）コスト競争力の低下
外部環境	Opportunity（機会） •心臓疾患の増加 •低侵襲治療の普及 •日本のオピニオンリーダー的な医師のニーズ	Threat（脅威） •プラザ合意に伴う円高局面 •産業用機器産業における価格競争の激化

（出所）筆者作成

図表5-8◆第二創業前のSWOT（本多プラス）

	Positive	Negative
内部環境	Strength（強み） •小型ブロー成形技術（肉厚の均一性、気密性の高い容器製作の技術） •「他人のやらないことをやる」という企業理念	Weakness（弱み） •請負受注型（下請け的）気質 •文具向けに偏った製品構成
外部環境	Opportunity（機会） •高付加価値プラスチック容器に対するニーズ	Threat（脅威） •価格競争の激化 •取引先からのコストダウン要求

（出所）筆者作成

外部環境の脅威と経営者の決意

朝日インテック、本多プラスともに外部環境の面で脅威にさらされていた。朝日インテックの場合は、1985年のプラザ合意をきっかけに急激に進行した円高局面と、それに伴う国内生産の空洞化。本多プラスの場合は、下請け的な仕事が中心になることによる価格競争の激化、コストダウン要求が脅威であった。これらの外部環境の脅威は、自社を変えなければ、という強烈な危機感の共有につながる。第二創業は多くの場合、従来型ビジネスのやり方を変えるため、経営者、従業員の痛みを伴う。そのとき、それでも進んでいくために必要なのは経営者の積極性であり、企業文化そのものを変革しなければならないという不退転の決意である。

技術的な強み

朝日インテックは「4つのコアテクノロジー」（伸線技術、ワイヤーフォーミング技術、トルク技術、樹脂コーティング技術）を、本多プラスは優れた小型プラスチックブロー成形技術、金型製作も含めた設計、試作品製作能力を有していたことが、第二創業を行う上では不可欠であった。自社が卓越した技術上の強みを有しているからこそ、それを活かした新規事業の展開が可能となる。もちろん、両社とも最初から技術的な強みを有していたわけではない。自社が生き残っていくためにはどのような技術が必要なのかを見極め、それを磨き上げてきたからこそ、優れた技術力を保有するに至ったのである。ここで必要なのは、技術をより高めていこうとする不断の努力である。

●市場における機会の存在

第二創業を行うにあたり、マーケットにどのような事業機会があるのか、見極める必要がある。朝日インテックの場合は、心疾患の増加とそれに伴う低侵襲治療の普及が新たな事業展開を行う上での重要な環境要因となっていた。本多プラスの事例においては、化粧品業界や大衆向け医薬品業界を中心に、デザイン性を重視した高付加価値容器に対するニーズがあった。第二創業を行う上では、こうした市場における機会を捉え、新たな事業展開を行っていくことが極めて重要である。しかし、ここで難しいのは、どこに市場機会があるのかを探索することである。朝日インテックにしろ、本多プラスにしろ、どこに自社の強みを発揮できる市場領域があるのか、徹底的に探索したからこそ、第二創業を成功させることができた。そこには、朝日インテックにおけるオリンパスからの医療用内視鏡の部材受注のような、重要なきっかけが存在することもある。本多プラスの場合は、本多孝充氏の「きれいなものを作りたい」「価値のあるものを作り出したい」という思いが市場開拓につながった。こうしたきっかけや思いを顧客のニーズと結びつけることが、第二創業においては重要なのである。

●経営資源不足の克服

朝日インテック、本多プラスとも、第二創業に必要な経営資源をすべて最初から保有していたわけではない。朝日インテックの場合、医療用機器に関するノウハウはまったく保有していなかった（医療機器用のワイヤー製造に必要な技術は有していたが）。本多プラスも、有していたのは小型プラスチックブロー成形技術であって、デザイン提案、パッケージングのノウハウは持っていなかった。このような状況に対し、両社が行ったのは外部からの経営資源獲得であった。朝日インテックは、医療機器業界のカリスマと言われる人物を外部から招聘し、医療機器業界参入の体制を整えた。本多プラスは芸術大学の卒業生を新卒採用し、デザイン提案型営業を行うのに必要な人材を獲得した。第二創業に必要な資源のうち、自社にないものについては積極的に外部から導入し、その弱みを克服したことが、その後の第二創業のカギのひとつになっていることは間違いない。ここで必要とされるのは、外部資源の活用力である。

●次世代経営者の役割

さらに、第二創業を語る上では、次世代経営者の重要性も欠かすことができない。繰り返しとなるが、本多プラスにおいては、本多孝充氏の「きれいなものを作りたい」「価値のあるものを作りたい」という思いが第二創業の原動力であった。さらに、孝充氏はデザイン提案型営業の方法を検討し、小型プラスチックブロー成形メーカーからクリエイティブ・パッケージを提供するクリエイター型メーカーへの変革を行う上で主導的な役割も果たした。朝日インテックでは、宮田昌彦氏が、医師とのリレーションシップを構築し、国内外での販売の直販化を大きく進めたことが、心臓用カテーテルのガイドワイヤーにおける同社のグローバルシェアを大きく高めることに貢献している。先代経営者が積み上げてきたことを的確に認識し、それを踏まえた新たな事業展開を推進する次世代経営者の存在は、第二創業にとって非常に重要な位置を占めていると考えられる。こうした次世代経営者をいかに育成するか、ということはFBの永続性を保ち、発展を続けていくためには極めて重要なことである。FBの後継者育成については、本書第4章において詳しく触れているので、そちらもご参照いただきたい。

5-5 第二創業と企業文化

●第二創業には、企業文化の変革が必要

これまでも述べてきているように、第二創業というのは単に新たな事業を行うということだけを意味するのではなく、企業文化の変革が求められることでもある。例えば、本多

プラスの本多孝充氏は、この点について、「そもそも当社には化粧品容器に代表されるようなデザイン性の高い容器を作ろうという意識がなかった。企業文化を変えなければ、こうした意識は社内に芽生えない」と述べている。

では、企業文化を変革する上で、重要なこととはなんだろうか。まず言えることは、これは一朝一夕には成し得ないということである。小さな成功体験を積み上げ、少しずつ社員の意識を変えていく努力を続けていくことが、企業文化を変えていく上では極めて重要である。

多くのFBが、地域に根ざした企業であることも企業文化を変えていく上での障害になり得る。FBで働いている従業員は、その多くが地元に昔から住んでいる人々である。こうした人々にとっては、FBは昔から地域とともにあった存在であり、そもそもそうした企業が大きな変革を行うということを認識していないことも多い。こうした人々に対して、家業的な事業からビジネスへの転換を認識してもらわなければ、第二創業の成功は難しいものとなってしまう。こうした古参社員との向き合い方、距離感、コミュニケーションのあり方が、企業文化の変革を行う上で問われることになる。このような変革に必要なことに関して、本多孝充氏は、「どうすれば成功できるのか、社員に見せることが大事です。視覚に訴え、加えてそれについてコミュニケーションすることで、少しずつ社員の気持ちが変わってきます」と語っている。社員との距離感の取り方については、何か唯一無二の正解があるというものではない。それぞれの会社の状況などに応じて、より良いやり方を模索していく必要があるだろう。

●第二創業にあたって変えてはいけないこと

一方、第二創業にあたって、FBにおいて変えてはいけないこともある。そのひとつが、自社の存在理由ではないだろうか。例えば、エルメスの場合、自社の大きな存在理由のひとつは、馬具製造に代表される伝統的な技術の伝承である。現在エルメスが手がけるバッグの他、アクセサリー、スカーフなどの製造技術は、すべて馬具製造の技術から派生したものである。逆に、エルメスはこうした自社の技術に裏打ちされた商品以外は作らないというポリシーを守り、職人たちを育成している。このようなやり方が、エルメスのブランド価値を高め、社内の求心力にもつながっていると考えられる。自社にとって重要な存在理由を守りながら、外部環境の変化に柔軟に対応することが、第二創業においては極めて重要である。

5-6 第二創業とM&A

第二創業においては、自社の弱みを克服するため、新たな経営資源を外部から調達することが重要であることはすでに述べた。本多プラスの場合、次世代経営者である本多孝充氏がクリエイティブ・パッケージという概念を持ち込み、デザイナーをはじめとした新たな人材を社内に迎え入れた。朝日インテックでは、医療用機器事業に進出するにあたり、この事業のカリスマを迎え入れ、参入の体制を整えている。両社のいずれも、外部からの経営資源をうまく活用し、第二創業を成功させている。新卒採用、中途採用、ヘッドハンティング等を通じた外部の人材獲得、ノウハウ導入は第二創業を行う上で非常に重要な手段のひとつである。

さらに、外部資源を獲得する手段としては、Ｍ&Ａも非常に有効である。Ｍ&Ａを行うことにより、自前主義では膨大な時間がかかる経営資源の蓄積を短時間で行うことができる。ＦＢにおいてＭ&Ａをどのように活用すべきか、ということに関しては、第8章で詳しく検討することにしよう。

第6章

後継者のための組織・人材の活性化法

「新活性化策を採り入れ、経営者も変化せよ」

6-1 大家族主義はもう古い

●後継者にとって組織活性化は死活問題

　ＦＢ形態はオーナーが経営を取り仕切り、またしばしば同族が経営陣を占めるため、社員は社長になることができない。近年は持株会社形態を採るＦＢもあるため、一概に社長になれないと決めつけることはできないが、非ＦＢ企業と比較すればオーナー一族がマネジメントを支配しているという特徴があり、その中で社員のモチベーションをどう考えるのか、という点は特にＦＢにおいて重要なテーマである。

　このテーマはＦＢの発展段階でも噴出する課題のひとつでもある。求心力のあるオーナーが経営を行っている間は、自らが手塩にかけたメンバーがともに働いているため問題点は顕在化しないが、後継者が無能であったり、オーナー経営者が老害化してしまった場合には、社員のモチベーションは一気に落ちてしまう。同様に跡取りがいない場合も社員の不安感は高まるだろう。ＦＢが事業承継のタイミングで、どのように組織人材の活性化を図るかということは死活問題になる。

●ＦＢと大家族主義

そもそもＦＢにおいて、これまで人材活性化とはどのようなものであったのだろうか。このテーマに特化した研究は筆者らの知る限り存在しない。しかし、一般的にはＦＢと言えば大家族主義、というイメージが存在する。大家族主義とは、社員をあたかも家族のように扱うことでオーナー家と社員が運命共同体を作ることを意味する。業績的に苦しくても社員の首は切らない。相撲部屋のように親方がいて、皆で同じ釜の飯を食べ、厳しい指導の中で一生懸命働くことで、社員はビジネスのスキルはもとより人間的な成長もする。そのプロセスの中で育成された社員にはオーナーに育てられたという義理が生まれ、会社に報いていく。一種の徒弟制度でできたチームビルディングと言い換えてもいいだろう。非オーナー系の大企業でも借り上げ社宅制度や寮などの住居、また病院などを備えて社員福祉に役立てている会社も多い。しかし、ＦＢの大家族主義は、より人間的なつながりを強くし、尊敬に基づいた関係を作ることで、結果として会社の業績につながるという好循環を創出してきた。

●ＦＢの新しい人材活性化

第二次世界大戦後に設立された多くのＦＢが現在世代交代期を迎えている。オーナー創業者が社員と苦楽をともにして、その過程で大家族主義を形作ってきた会社も多いのではないだろうか。しかし、この大家族主義は、社員の働く価値観が多様化する中で、転換を迫られるに違いない。もちろん、今後も家族主義的な経営がまったくなくなるわけではない。特にＦＢ経営と地域は密着しているため、その地域の中で社員を採用し育成し、その社員の二代目がまた就職してくるといったこともあるだろう。したがって、ＦＢの経営においては家族主義的な形態は残るだろう。

しかし、少子高齢化が激しく進み、経済が低成長時代に入った今の日本では、働くとは何か、働きがいとは何かといった人材活性化分野における意識変化が著しい。筆者らが社会に出たころは会社でも運動会が催され、社員旅行も必ず年一回はあった。しかし、現在はチームビルディングのためにイベントとして採用している会社を除き、「土日までも会社の人と一緒にいるのは御免こうむりたい」というのが一般的な考え方となっている。ＦＢに関しても、こうした人材活性化の変化の波とは無縁ではいられないだろう。

では、大家族主義から変化する、ＦＢの新しい人材活性化とはどうあるべきなのか。そして、それはどのような点に気をつけて経営に取り込めばよいのか。本章ではこの点に着目して深堀をしていきたい。

6-2 後継者は実績を見せつけなければならない

●後継者に向けられる内部の目

創業者がＦＢを起業し運営していくときには、いわゆるベンチャー創業としての苦しさや大変さ、またそれを十分に理解できない社員との意識ギャップは存在するものの、創業者が理念を語り、そこに共鳴し一緒にその夢にかけようという社員が集まったのであるから、活性化の要素は比較的分かりやすい。創業者が見通したビジネスチャンスを、その仮説どおり事業として大きくしていく過程そのものが社員の自己実現に重なるためである。これはＦＢに限らず、ベンチャー創業期に見られる共通の要因であり、創業者と夢を一緒に追いかけ、そのために「寝食忘れて仕事に没頭する」というのがベンチャー成功の要因でもある。また期待どおり企業が成長し業績が上がれば、創業期の社員はポジションも上がり、やがて多くの部下を抱えていくという道を進むことになる。創業者と社員はともに同じ船に乗っており、利害が共通化し、結果として家族主義的な運営となっていくのであろう。

一方、後継者と社員との関係はもっと複雑である。

通常は後継者が会社を継ぐときは、規模の大小はあるものの創業者が作った組織ができあがっており、ともに組織を作ってきた番頭やメンバーが残っているのが常である。彼ら創業時からの旧メンバーは、「自分たちが目指してきた信念を後継者が本当にやりきってくれるのか」という不安の目線と、「単に親族であるということから承継し、この会社を維持発展する能力があるのか」という疑いの目線で後継者を見ることだろう。また、後継者が継いだ後に会社に入社してきた社員にとってみると、創業者は存命であっても過去の人であり、その過去の人と一緒に釜の飯を食べてきた旧メンバーの人々との温度差はいかんともしがたい。当然、後継者を見る際には旧メンバーとは異なった視点を持つであろう。後継者が最初に直面する難しさとは、実は社外からの目線ではなく、こうした社内からの目線なのである。

●まずは実績作り

以上のとおり、ＦＢにおける人材活性化のピンチとチャンスは承継時にもっとも強く出てくる。後継者にとってみれば、みそぎのようなもので、これは自力で突破するしかない。後継者は、旧メンバーを説得する実績と、自分が抱えた社員を鼓舞する実行力を見せつけねばならない。つまり、端的に言えば、誰もが納得する業績を作り、第二創業を成功させるということが後継者に求められるのである。

ここで、第二創業と組織の活性化に成功したスノーピークのケースをご紹介したい。

ケース　スノーピーク[1]

スノーピークは、新潟県三条市にあるアウトドア用品の製造販売会社である。アウトドアを趣味にされている方にはなじみが深いだろう。アウトドアやキャンプに使うテントやタープ、焚火台などを扱っている。

設立は1958年（昭和33年）、山井幸雄氏が創業し、現社長の山井太氏は創業者幸雄氏の息子であり、母親を挟んで3代目の社長である。売上高は約45億円、社員数は160人ほどである。

スノーピークはスノーピーカーと呼ばれる、アウトドア愛好者の熱狂的なユーザーに支えられている。比較的高価格帯のハイエンド層を対象にしつつも、その独創的な商品やユーザー向けのユニークなポイント制などのサービスが高く評価されている。

もともとスノーピークは、幸雄氏が創業した当時、登山や渓流釣りなどの釣り用品を扱っていた。当時の日本ではキャンプと言えば、ホテル・旅館におカネを使いたくない人が代用するイメージが強く、かつテント1つとっても価格帯は9千800円と1万9千800円の2種類しかなかった。雨が降れば雨漏りし、強風が吹けば潰されることも多かったようだ。

しかし、3代目の太社長はかねてから、「自然の中で贅沢な時間を過ごすためのキャンプ」が潜在的なニーズとして大きくなってきていることを感じていた。年齢的には30～40歳代

1　本章におけるスノーピークに関する記述は、山井太『スノーピーク－「好きなことだけ！」を仕事にする経営－』（日経BP社、2014年）およびテレビ東京「カンブリア宮殿」（2014年９月18日放送分）に基づいている。

の父親が主導して家族を誘い、オートキャンプに出かけてキャンプを楽しんだり、夫婦だけ、または男同士のグループで出かけたりというスタイルが出てくるのではないか、という仮説を考えていた。

太社長のビジョンは明確であったが、最初から彼の取り組みが順風満帆であったわけではない。彼は1986年に父親の経営するスノーピークに入社し、入社前から温めていた前記の仮説を試すべく、おカネに糸目をつけず自分が欲しいと思うテントを企画制作した。これ以上はないと思うテントを作り上げたが、当然コストもかかり、価格は16万8千円となった。このテントは当時の売れ筋テントの10倍近い値段である。古参社員たちは「こんなに高くては一張も売れないだろう」と冷ややかだった。

しかし、結果的にはこのテントは100張も売れた。太社長の予想以上に売れたわけだが、それ以上に当時9千800円、1万9千800円の2種類しかなかったテント市場に、新たに値段が高くても品質が良いものを買いたいというハイエンドのキャンプ用品市場が萌芽しつつある証拠をつかんだのであった。

1988年、オートキャンプ用品の販売を積極化させる。当時のスノーピークは売上高5億円、社員15名だったが、アウトドアブームの波に乗り、オートキャンプ市場のパイオニア的存在になり、5年後の1993年に売上高は25億5千万円（経常利益は3億5千万円）まで伸び、日本のアウトドアシーンを先導する存在にまで成長した。

ところが、好事魔多し。1992年に創業者の幸雄氏が逝去したため、太氏の母親が2

代目社長になるも、アウトドアブームの収束に起因して、3期連続で業績がダウンしてしまう。1996年に3代目社長として太氏が就任したが、さらに3期連続で業績が下がり続け、売上高は14億5千万円まで落ち込んだ。利益は何とか確保できていたものの、「先がまったく見えない状態」であった。

ここで太社長がとった行動は、ユーザーと社員との共同キャンプを楽しもうというイベントの開催であった。太社長は「スノーピークの存在意義が分からなくなったときに、真の顧客であるスノーピーカーと直接的に触れ合う機会を作ったことが大きかった」と述懐している。この催しはスノーピークウェイとして現在まで顧客と触れ合う重要なイベントとなっている。このイベントがきっかけになり、自社の競争力の源泉はユーザー目線の、ユーザーが真に欲している製品作りにある、と定めて苦境を脱することができたのである。

太社長の徹底しているところは、他社の製品をベンチマークしないという信念である。自社のミッションステートメントを作り、そこから考えて「世の中にない製品」を作ると決めている。それをやり切るためには、自らもユーザーであるという立場で考える。全社員がアウトドアの熱心なユーザーであるばかりか、社長自らが毎年40~50日はキャンプし、ときには会社前のキャンプ場でキャンプし、そこから出社することもあるほど、突き抜けたユーザー目線を持っている。太社長は、自身で「キャンプ用品を作る他の会社の経営者の中で自分ほどキャンプをする人間はいないのではないか」と豪語するほどの思い入れようである。

このユーザー目線は、スノーピークの製品やサービス作りに大いに活かされている。例えば、同社のロングセラーになっている「焚火台」。自然保護のために焚火なんてもってのほかだという自然保護団体の主張に、それならば焚火のソリューションを作ろう、どうせならば燃やすと格好いい焚火になるような台を作ろうという、まさしくユーザー目線で生まれている。

新人採用の条件は、アウトドアが好きかどうか、スノーピークが好きかどうか、とともに主体的に動けるかどうかといった点をバランスよく参考にしている。ただし、それも単に履歴書の趣味の欄に「キャンプが好き」と書いてある程度ではダメで、「アウトドアが好きでたまらない」といったレベルが求められている。スノーピークのユーザーはおカネを出しても良い製品が欲しいというユーザーなわけだから、ものを見る目やサービスの質にも当然厳しい。それに対応できる人材が必要ということだろう。

6-3 スノーピークから学ぶ組織活性化

スノーピークのケースから学べる組織活性化の要諦はなんだろうか（図表6－1）。

●信念を突き詰める

スノーピークはアウトドアのハイエンド層に特化したニッチ企業である。山井社長の信念である「自然の中での贅沢な時間創出」というコンセプトを貫き、まだ市場として確立していないタイミングから仕掛けて今日に花開かせている。社長の姿勢は、他社のベンチマーク分析はしないというほど徹底しており、「世の中にない製品」を作ることに賭けている。しかも、それは思いつきでやっているのではなく、トップ自らが年間で40～50泊も実践してしまうほどの突き抜けたキャンプユーザーであり、その実践の中から「どうしてもこういうものが欲しい」という直観と経験に基づいている。トップがこのような姿勢であるから、トップと同様にキャンプが好きで好きでたまらないという社員が集まっているのだろう。

顧客目線からの発想、と言ってしまえば陳腐になってしまうほどの現場主義である。「三現主義～現場現物現実」こそが経営の要諦と語る経営者が多いが、山井社長の姿勢こそ、この三現主義の実践にほかならない。山井社長も「同業のトップで自分以上にキャンプをしている人に会ったことがない」と豪語するほどの思い入れようであ

図表6-1◆スノーピークに学ぶ組織活性化の要諦

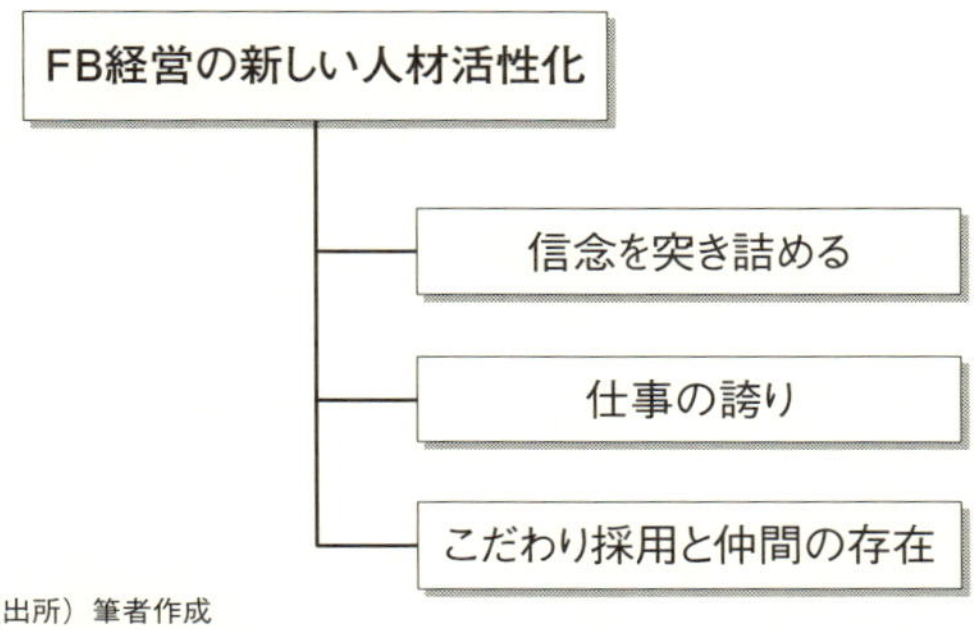

（出所）筆者作成

る。この強烈な思い入れこそ、ＦＢならではの没入感であり、その分野を語らせたら数時間一人で語り続けるだけのこだわりがある。そのこだわりが、いわゆるサラリーマン社長とは異なるところである。多額の個人保証を行い、リスクを取ってビジネスをする以上、強烈な思いを持って突き進むことが必要となるのだろう。

スノーピークの取り組みを「直観一本でたまたまブームに乗った」と見なしてしまうとその本質を見誤ってしまう。山井社長の良いところは、経営のセオリーには人一倍敏感なところだ。山井社長は「経営は常識の集積と創造」と考えており、「原理原則は大切にして定型化したセオリーは知っていた方がいい」と述べている。同社長はドラッカーをはじめとした経営書を何度も読み返している勉強家でもある。このように、現場感覚とセオリー重視の考え方の両方を持ち合わせる人物が今後のＦＢ経営者の姿であるとさえ感じる。

このような信念を貫き通す経営のもとに、キャンプそのものが好きでたまらない社員が集う。そして社長自らが一介のキャンパーとして欲しいものを愛好家に提供するという姿は、社員の方でも自分が好きでたまらないものを顧客に提供するということに合致する。そこに社員の自己実現が存在しているのである。言い換えれば、社員がこうあるべきだと思うことが社長の信念と重なり、それを会社として世の中に提唱していける、そんな環境作りによって社員のやりがいが創出されていると見るべきだろう。

●スーパーユーザーを通した仕事への誇り

かつてスノーピークが6期連続で減収減益に陥ったとき、「当社を救ったのは当時スノーピークを愛する顧客との交流会（スノーピークウェイ）であった」と山井社長は述懐している。この交流会は現在でも続けられている。実は、このスノーピークウェイは当時の社員からの「ユーザーの顔を見ると仕事をがんばれる」という言葉がきっかけとなって開催されたものだ。6期連続で減収する会社の姿に社員も自信を失っていたに違いない。そこで熱烈なスノーピーカー（スーパーユーザー）と交流することで、今一度自分たちの原点を確認したいという思いがあったのかもしれない。しかし、この顧客との直接的な接点こそが、自分たちの存在意義を確認する好機となり、それがスノーピークの業績の転換点になった。

ワンタッチでたためるキャンプテーブル、炎が美しく見える焚火台など、アウトドアやキャンプの熱心なユーザーである社員自身がほれ込む製品こそ、やはりユーザーも欲しがるという当たり前のことに社員は励まされ、自信を持ったのではないだろうか。自分が企画段階から関わり、製品化したものをユーザーに勧める、そして熱烈なユーザーがその価値を認め、価格が高くても喜んで購入していく、ここに仕事の誇りを感じ、それを実践できる環境に社員はやりがいを感じるのである。

同様のことはトップの山井社長自身にも言えるだろう。かつて初めてテントを企画し、当時の売れ筋のテントの10倍以上はする高価なテントを実際に売り、それが予想を超える売上を記録したことが、山井社長の自信になったに違いない。小さな成功体験かもしれないが、自らが企画した製品やサービスが顧客に受け入れられ、喜ばれる。これが自らの仕事を確立するきっかけになったことは想像に難しくない。

●こだわり採用と仲間の存在

スノーピークの新人採用では、当然ながらアウトドアやキャンプの経験を問われるが、単に趣味欄にキャンプと書かれている程度では採用されない。近年は子どものころからキャンプ好きで、スノーピーク製品を使い続ける人が応募してくるとのことだ。山井社長も採用するメンバーの条件として、「乗る予定の飛行機がキャンセルになり、空港で一晩一緒にいることになっても楽しいメンバーを採用する」と述べている。この考え方はグーグルが自社に採用する際の基準であることから援用しているとのことだが、FBの採用をよく物語っているように考える。FBにおいては、もちろんオーナー経営者とウマが合うかどうかが採用の際のもっとも重要なポイントになるが、それは先に挙げた「信念を突き詰める」「仕事への誇り」ということへの賛同がどれだけあるか、ということと同義と捉えてもよいだろう。そういう「仲間（人材）」が社内に揃っているということもFBの人材活性化の特徴であると考える。

もちろん、金銭的な報酬が伴って社員は働きがいを得ることは間違いない。しかし、前記のとおり、若者の働く目的や働きがいは近年大きく変化してきている。より幅が広く多様化していると言っていいだろう。その中のひとつに「良き仲間がいる」という項目がある。信念を追求する仲間と切磋琢磨することが、自らの成長につながる。また困難な局面を仲間と一緒に乗り越えるといった経験が本人のやりがいとなっていく。

これは従来のＦＢにおける大家族主義とは異なる。大家族主義では親方と弟子といった一対多という図式だったが、「良き仲間がいる」というのは多対多という構図の中で自らの働き方を規定できるという点が特徴である。

加えて、スノーピークのオフィスは近代的で、フリーアドレスと呼ばれる、どこに座って仕事をしてもよいオフィスとなっている。また、キャンプ好きな社員がほとんどであるから、いつもキャンプの話題が出て、実際に社員同士でキャンプをすることが多いという。この仲間意識の強さこそが、ＦＢの人材活性化のひとつと言えるのではないだろうか。

6-4 ＦＢ経営者が留意すべき人材活性化の課題

筆者らが考えるＦＢ経営者が留意すべき課題は、**図表6－2**のように要約できる。

図表6-2◆FB経営者が留意すべき課題

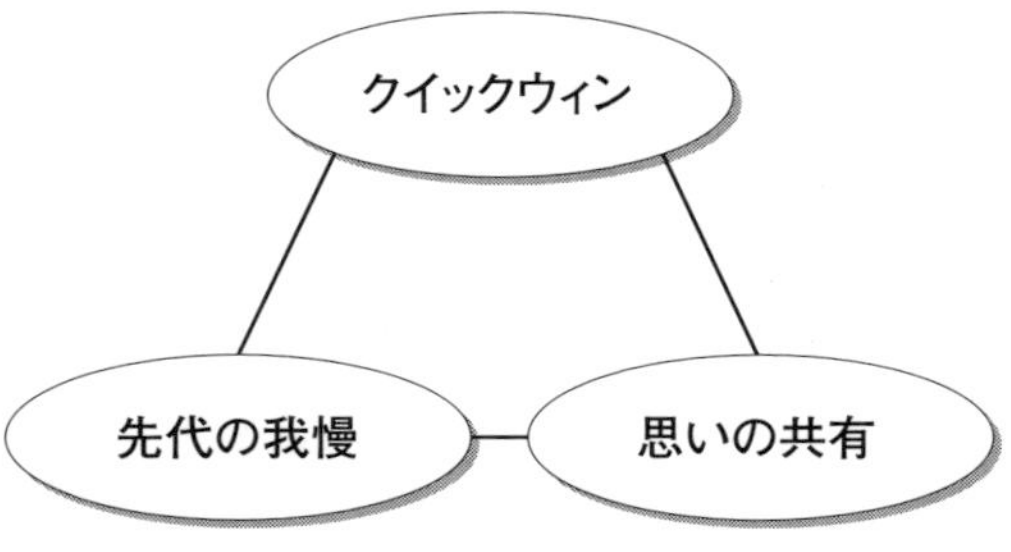

（出所）筆者作成

●クイックウィン

スノーピークのケースで見てきたとおり、ＦＢ後継者にとっての人材活性化の前提は第二創業の成功にある。厳しい時代を経て会社を建て直し新しい成長路線に乗せた、その実績にあることは間違いない。この点については、例えば第５章で取り上げた本多プラスのデザイン性の高い容器の開発、朝日インテックの低侵襲治療用ガイドワイヤーなど、いずれも後継者が新しい事業分野を切り開いてきており、それが経営者の自信と組織一丸となった企業運営に結びついていることと符合している。また、４００年以上続く老舗の宇津救命丸も、次代の若き後継者が薬効成分のデオドラント素材を開発し、新しい事業に打って出ようとしていることも同様である。

どの後継者も、先代の番頭格や旧メンバーを全部切り捨てて、新しいメンバーだけで事業を行うようなことはできない。彼らの賛同を得なければ第二創業は成功しない。第二創業は見方によれば、創業と同じほど難易度が高いかもしれない。半信半疑の社員を引き連れての事業成功が求められるからである。それは後継者にとって大きな荷物を背負いながら坂道を登るようなことになる場合もあるだろう。社員を説得するためには実績を上げるしかない。

この実績とは、後継者の成功体験と深い関係がある。実績は小さなものでも構わないが、早期に実現される必要がある。スノーピークで言えば、山井社長が入社して最初に手がけたテントがそれにあたる。売れ筋の10倍以上もするテントを売り出すにあたって、古参社員の多くが反対に回ったにも関わらず、山井社長はそのテントを１００張売ることができた。売上にすれば2千万円程度、それほど大きな売上ではない。しかし、「ハイエンドの顧客層が萌芽する」との山井社長の思いを、たとえ小さくとも市場が受け入れた事実は大きい。

図表6−3◆クイックウィン（Quick Win）とは

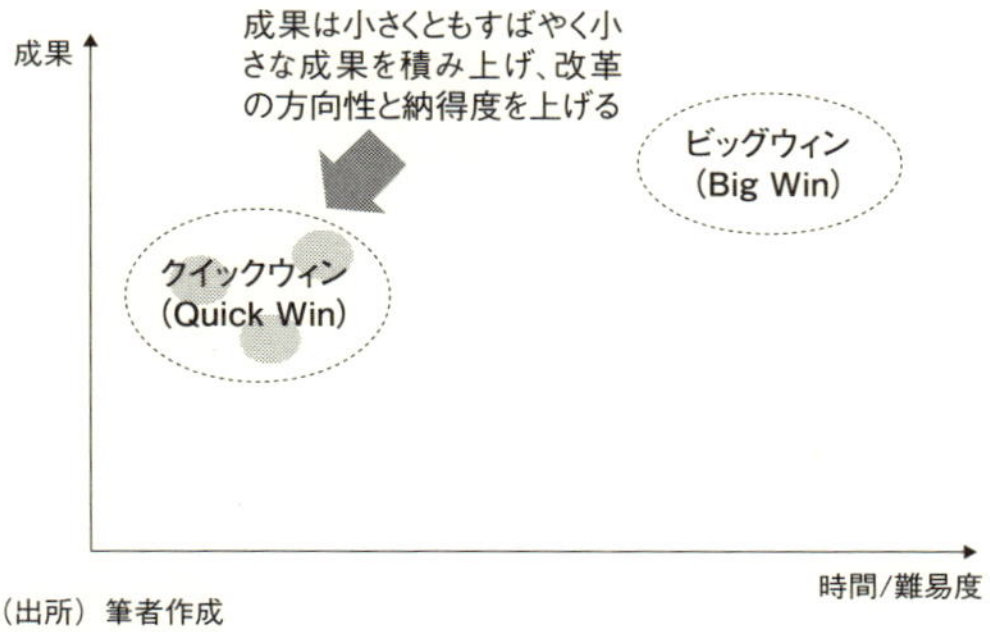

（出所）筆者作成

こういう小さな成功のことをクイックウィン（Quick Win）と呼ぶ（**図表6－3**）。クイックウィンは、組織に大きな変革を行っていく際に、小さくとも新しい成果を意図的に取り上げて組織変革の勢いをつけていく経営的施策を指す。組織変革や意識改革を実行する際には、様々な抵抗勢力が出てくる。そうした抵抗勢力の中で「もしかしたら、この改革はうまくいくかもしれない」という思いを作り出すために、小さくても素早い成果を上げることが必要である。こうしたクイックウィンをいくつか積み上げて、最終的な大きな成果（Big win）を達成することが人材活性化の具体的な進め方になろう。

そして大事なことは、クイックウィンが経営者自身にも「自分の思い、進むべき道は間違っていない」という確信に結びつくことだ。このクイックウィンは経営者と社員双方が新しい成長に向けた最初の坂道を登り始める共同作業なのである。

●先代は老害にならず

後継者が人材活性化に取り組む際にもっとも留意すべきは、先代の動き方であろう。後継者が新しい取り組みをやろうとするとき、どれだけ黙ってその試みを見守っていられるか。任せたからには一切口出ししないくらいの割り切りが必要だ。後継者の未熟な面は確かにあろう。しかし、ここで先代があれこれ口を出してしまうと、周りは先代が雇用してきた社員が多いので会社が割れてしまうことになる。このときこそ、先代の懐の深さの見せどころとなるだろう。スノーピークにしろ、本多プラスにしろ、後継者の目指すところは先代から見れば一言言いたかった場面もあったに違いない。しかし、「あとは任せたのだから」と一切の口出しをしなかったことが、第二創業の成功に結びついていることを見逃してはならない。

●思いや理念をいかに社員と共有するか？

ＦＢ経営者の持つこだわりや強い思いというのは、事の善悪ではなく、突き詰めて言えば、その経営者の好き嫌いということになろう。好き嫌いという言葉がふさわしくないとすれば、世の中の流れを先読みして直感的にこれだ、と思うことに心血を注ぐ直観力と言える。

一方で、その直感的な思いを社員と共有するために、市場の目線に合わせてロジカルに説明する必要がある。前記のとおり、ＦＢの人材活性化は、強いこだわりを信念にして、仕事の誇りを社員に感じさせることにある。ＦＢ経営者の思いのみを社員に押しつけるのではなく、そこにいかに客観性を持たせるか。ここがＦＢ経営者の勝負どころだと言える。

スノーピークでは、山井社長の「自然の中で過ごす優雅な時間」というアウトドア、キャンプに関する強い思い入れが事業の推進力である。一方で、その考え方を顧客の目線に落とし込み、それを巧みに社員と共有しようとしている。

例えば、同社にはミッションステートメントが存在する。ミッションステートメントとは、山井社長が「真北の方角」と呼ぶ、全社員が目指すべき方向性を意味する。その中には「自然指向のライフスタイルを提案し実現するリーディングカンパニーを作り上げよう」「私たちは自らがユーザーであるという立場で考え、お互いが感動できるものやサービスを提供します」といった言葉が入っている。

本章の冒頭で大家族主義から変化して、新時代のＦＢ人材活性化を目指すべきという提言をした。それは親方と弟子という図式で「俺を信じてついて来い」型のリーダーシップから、具体的に顧客目線の価値を提示して、それを経営者と社員が協働で形作っていく、そんなリーダーシップに変わり始めていることを意味している。

そのためには、経営者は直観力だけではダメで、その直観力が市場の中でどのように価値を持つのか、またそれがビジネスモデルとしてどのように業績に結びつくのか、そんな冷徹なロジックを持つことが経営者に求められ、そのようなロジックを経営者と社員が共有化する時代に入ってきている。言い換えれば、直観力とロジックという相反する要素を経営者は具備する必要が出てきていると言える。

第7章

FBにおけるブランドの役割と強化

「自社ブランドを確立して経営を自立させ、
下請け体質を変える」

7-1 ＦＢはブランドビジネスに向いている

●ＦＢとブランドの親和性

これまで見てきたように、ＦＢの経営上の特徴のひとつは永続性を重視し、長期的視点に立った経営が行われていることにある。ブランドを構築していくためには長い期間を要することを勘案すれば、ＦＢとブランドの親和性は高いと考えられる。また、創業家一族のこだわり、家訓（企業理念）へのこだわりが、そのＦＢが生み出す価値に対する信用力を高め、ブランド醸成に寄与するのではないかと考えられる。[1]

例として、化粧品メーカーのコーセーを取り上げたい。[2] コーセーは、故小林孝三郎氏が創業し、現社長の小林一俊氏が一族で4代目の社長となるＦＢである。コーセーには数多くの製品ラインナップがあるが、これらすべての製品の香料、パッケージデザイン、宣伝の「三大決裁」については社長が決めることになっている。特に、香料に関して決裁する際には、鼻に全神経を集中させるため、オーナー一族は前夜からアルコールやニンニクなどの香りの強い飲食物は一切口にせず、当日の朝食ではコーヒーやみそ汁でさえ控えるのだという。これについて、一俊氏は、「香りやデザインもコーセーの伝統です。私が入社したときは、創業者である祖父と父（2代目社長・小林禮次郎氏）、そして叔

1　ブランドは、企業そのものが持つブランドであるコーポレート・ブランドと製品の持つプロダクト・ブランドなどに分類されるが、多くのＦＢではこれらは分かれておらず、両者が同じであることが多い。そこで本章では、あえてそれらを区別せずに見ていくことにする。

2　本章におけるコーセーに関する記述は、日経ビジネス2006年３月６日号34-36ページ（「コーセー－血で共有する感性がブランド力の源－」）、2008年２月18日付日経流通新聞第３面（「化粧品、大量宣伝とは一線」）、2013年11月18日付日経MJ第３面（「M&Aで『安定』打破」）による。

父（3代目社長・小林保清氏）で決め、祖父の死後は私が（決裁に）入りました。経営陣の記憶の中に、香りやデザインの違いによって売上がどうだったかという経験が刻み込まれるのです。それが経営の継承力です」と語っている。また、禮次郎氏も「においというのは感覚的なもの。やっぱり、家族だからこそ共有できる感性の部分がある」と述べている。香りという化粧品ブランドにとって重要な要素に関する決裁を創業家一族で固めることで、「ブランドの主張、メーカーとしての意思を商品に入れる」（一俊氏）のである。一俊氏は、FBとブランドビジネスの関係について、「中長期で物事をみられる点で（FBはブランドビジネスに向いていると思います」と述べている。創業家一族が継続的に香料、デザイン、宣伝の決裁に関わることで製品の継続性が生まれ、一貫したブランドイメージが形成されていると考えられる。

また、FBの多くが地域に根ざす企業であることから、地域特性を活かしたブランド構築が可能である点も見逃してはいけない。第6章で取り上げたスノーピークは、江戸時代から金属加工が伝統的に盛んな燕三条エリアに位置しているという地理的な特長を活かして、自社の製品の生産の多くを地元の協力工場に委ねる形態を採っている。[3] このエリアは、地域全体にものづくりのノウハウが備わっており、どのような製品であっても安定した品質で作り出すことができる。スノーピークの製品の品質には、こうした地場産業の強みが活かされている。言ってみれば、地域ブランドである「燕三条ブランド」がスノーピークのブランドを支えているのである。また、本章で後述する西村金属も、福井県鯖江市の地

3　本章におけるスノーピークに関する記述は、山井太『スノーピーク－「好きなことだけ！」を仕事にする経営－』（日経BP社、2014年）に基づいている。

場産業である眼鏡産業で培った技術で、半導体や航空関連などの新分野への進出を果たしている。これも地域に根ざして自社の強みを磨き上げることで、その技術そのものをブランド化した例と言える。

●ブランドが競争優位を創り出す

ＦＢにおけるブランドとは、創業者から始まる価値観と伝統を具現化したものであると考えられる。したがって、ＦＢにおけるブランド力とは、そのＦＢが持つ信用力と同義であると言っても過言ではない。多くのＦＢ経営者が、自社の競争力の源泉は自社の製品やサービスに対する信用であると語っているが、もしそうであるとすれば、自社ブランドを大切に醸成していくことは、ＦＢとしての信用力をさらに高めることにつながると考えられる。ここで気をつけなければならないのは、ブランディングとは、単に広告宣伝活動を行い、自社および自社の製品やサービスの認知やイメージを高めることを意味するものではないという点である。製品やサービスを自社の価値観や伝統に沿う形で作り込み、それを様々な手段で顧客や取引先に対して愚直に伝えていくことで、自社の信用力を高めることができ、それによってブランドが形作られていくということを理解しなければ、本当の意味でのブランド構築を行うことはできないことを肝に銘じておく必要がある。

7－2 ＦＢにブランドがなぜ必要なのか？

大手の仕事を引き受けていれば安心？

ＦＢにとってブランドは本当に必要なのだろうか。「我が社は大手の仕事を引き受けており、絶対安泰とは言わないまでも、すぐに会社が傾くような状況にはならない」「うちは下請けだが、その分営業にコストを費やさなくても済む。コストを考えれば、自社がブランドを持つ必要性はすぐには考えられない」と思っているＦＢ経営者は少なくない。しかし、それは本当だろうか。大手１社からの仕事に依存していたあるＦＢは、取引先の事業の急激な減速によって売上が大幅に低下するという危機的な状況に陥った。また、大手の取引先がＭ＆Ａの対象になったことで、確実だと見込んでいた受注が見通せなくなってしまったというケースもある。これらは、大手からの仕事に依存し、自社が下請け体質になっていたからこそ起こった悲劇であると言える。大手との取引があることは、決して無条件に安心できる材料ではないのである。

顔の見える会社になる

では、下請け体質から脱却するためにはどうすべきだろうか。下請け体質を脱し、経営を自立させるためには、自社のブランドを確立することが重要である。ここでのブランド確立とは、必ずしも自社ブランドの製品・商品を作れということではない。企業としての自社そのものをブランド化し、「○○社にこそ発注したい」「○○社の製品だから買いたい」と数多くの顧客・取引先に思ってもらうことが必要である。ここでは、取引先や顧客に自社ブランドの「ファン」になってもらうことが重要となる。そのためには、これまでの顔の見えない企業から、顔の見える企業にならなくてはならない。

ここで、再度スノーピークの事例を見てみよう。スノーピークにおけるロイヤルカスタマーは、人数ベースでは顧客全体の6〜7%に過ぎないが、売上高では全体の約4分の1を占めている。自然指向のライフスタイルの実現をミッションステートメントとし、それに整合するような製品、サービスを提供してきたからこそ、こうした熱狂的なファンが増え、ブランドが醸成されてきたのである。実際、スノーピークではこうしたブランドを育成するために、数々の施策を講じている。例えば、1998年から「スノーピークウェイ」というキャンプイベントを開催し、社長である山井太氏も原則として必ず参加して顧客との距離を縮めている。また、「スノーピーククラブ」というSNS（交流サイト）を立ち上げ、ここでも顧客との距離を近づける工夫をしている。こうした場で聞かれた顧客からの声は、スノーピークの製品や流通戦略に反映されている。また、製品はすべて永久保証であり、経年劣化による不具合以外は無料で修理を行うこととなっている。製品の価格は決して安いとは言えないが、こうした姿勢が熱心なファンを次々と生み出しているのである。「私はヘビーユーザーの顔や名前をたいてい覚えているし、ユーザーも私や社員のことをよく知っている。そういう意味ではお互いが『バレバレな会社』だと言える」「スノーピークは『会いにいける会社』である」と山井氏は述べているが、これだけ顔が見える企業だからこそ、スノーピークには熱狂的なファンが存在し、高品質なアウトドア用品ブランドとしての地位を確立しているのである。その結果、アウトドア業界の市場規模が縮小を続ける中、スノーピークは2000年から2013年まで増収増益基調を続けている。

●BtoBのFBにはブランドは不要か？

ここまでは、ややBtoC（最終消費者向け事業）寄りの話が中心であったが、BtoB（企業向け事業）企業の場合にはブランドは不要と考えてよいだろうか。筆者らは、BtoB企業であっても自社のファンになってもらうという視点は変わらないと考えている。取引先企業から選ばれる企業としてのブランドは、BtoB企業においても非常に重要である。

第5章において取り上げた朝日インテックは、BtoB企業でありながらブランドの重要性にいち早く着目したFBのひとつである。同社は、2003年に米国製薬企業大手であるアボット・ラボラトリーズ社と欧米における独占販売代理店契約を結ぶにあたって、PTCAガイドワイヤーの製品ブランドを供給先のブランド名ではなく、自社ブランドである「ASAHIワイヤー」にすることにこだわった。自社のブランドを確立することによって、自社の製品や技術力を全世界で認知してもらうことがその目的であった。また、2

007年には「ASAHI」ブランドを確立するために、ロゴマークやタグラインなどのコーポレート・アイデンティティを導入し、現在に至っている。

また、福井県鯖江市に西村金属という企業がある。[4] 鯖江市は、伝統的に眼鏡産業が盛んであり、西村金属も眼鏡用のネジや蝶つがい、鼻パッドなどを製造していたが、2000年代に入って眼鏡メーカーが製造拠点を次々と中国に移転させたことで、仕事が激減してしまった。西村昭宏氏が2002年に父親が経営する同社に入社したころには、3年間で売上高が4割近く減少している状況だったという。そこで昭宏氏が考えたのは、眼鏡以外の新分野に進出することで活路を見出すということであったが、そこで問題になったのが、自社の強みをいかにアピールするかという点である。昭宏氏が悩んだ末に出したのは、チタンの微細加工の技術こそが自社の強みである、という結論だった。チタンという最先端素材の微細加工技術を持つ企業は世界的にも少ないと見て、ウェブサイトを通じてその技術力を訴求することとしたのである。その結果、大手メーカーなどに対する売上が急増し、眼鏡関連以外の仕事が約8割までになったという。同社のウェブサイトには、「困った時は西村金属なら何とかしてくれる」というキーワードが書かれているが、こうした顧客からの声こそがBtoB企業におけるブランドの源泉になっていると考えられる。自社の強みを分かりやすい言葉で表現し、それを顧客にアピールすることで自社のブランド化に成功した事例だと言えるだろう。もちろん、そこには長年の経験に裏打ちされた技術力があったからこそ、顧客からの信頼を得ることができ、それがブランド力向上に大きく貢献した

4　本章における西村金属に関する記述は、日経トップリーダー2014年1月1日号20-33ページ（「『次の30年』を生き抜く経営」）、2014年7月6日付日本経済新聞電子版セレクション（「『眼鏡の鯖江』、医療器具やウエアラブルも育てる」）に基づいている。

ことは言うまでもない。

これらの事例からも、「自社はＢ to Ｂ企業だからブランドは不要」なのではなく、Ｂ to Ｂ企業であっても自社の強みを確立し、顧客から選ばれる企業になる上で、ブランドが非常に重要であることが分かる。長期的な競争優位を築くためにも、自社のブランドを確立し、その力を強化していくことが大事なのである。インターネットによって、どのような企業でも情報発信がしやすくなった現在、これは大手企業に限った話ではない。ＦＢにおいても、自社の強みを分かりやすい言葉で表現し、それを多くの顧客に伝えていくことが大切なのである。

●ブランドが社内に与える影響

これまで見てきたように、ブランド力を強化する大きな目的は顧客の自社に対する信用・信頼を高めることにあるが、ブランドにはもう1つ無視できない効果がある。それは、ブランドが社内の士気に与える影響である。あなたの会社では、従業員一人ひとりが家族に対して自社の仕事を自慢できるだろうか。これができるかできないかで、従業員の仕事に対するモチベーションは大きく変わってくる。自社のブランドに誇りを持つことは、自分の仕事に対する誇りを持つことである。ブランド力を強化することは、従業員の誇りややりがいを醸成することにつながる。こうしたことが、ひいては従業員の会社に対する求心力となり、ＦＢの組織に一体感をもたらすのである。

ここで重要なのは、ブランドは経営トップや広告代理店といった人々が勝手に作り出したものでは意味がないということである。従業員が自社のブランドとそのブランドが持つ意味について本当の意味で「腹落ち」しないと、ブランドは社員の誇りにつながらない。したがって、ＦＢにおけるブランド力向上は、社員一人ひとりを巻き込んで行われる活動によって実現されなければならないのである。

7-3 どのようにしてブランドを立ち上げるか？

では、どのようにしてＦＢにおいてブランドを立ち上げればよいのだろうか。ここでは、１８２４年（文政７年）創業で、日本最古の鞄メーカーと言われる兵庫県豊岡市のエンドー鞄株式会社（以下、エンドー鞄）と、１９０８年（明治41年）創業の、東京都墨田区で石けん・化粧品を製造する松山油脂株式会社（以下、松山油脂）の2社のケースを見た上で、どのようにしてブランドを立ち上げていくべきなのかを考えていきたい。

ケース　エンドー鞄[5]

エンドー鞄は、1824年（文政7年）に創業された日本で最古の鞄メーカーと言われている。江戸時代、豊岡市は柳行李（柳を編んで作る蓋付の籠）の産地として有名であったが、現在では鞄産業が地場産業となり、OEMを含めると国内生産の多くの鞄が豊岡市において生産されていると言われている。2006年11月には、「豊岡鞄」は特許庁に地域団体商標として認定を受けてもいる。

エンドー鞄も元々は柳行李を主力商品としていたが、昭和初期のころからは鞄の取り扱いを始めている。米国向け輸出を中心に成長を続けた豊岡市の鞄産業であるが、昭和40年代後半以降にはニクソン・ショックをきっかけとした円高が進んで鞄の輸出が激減し、需要減退に悩まされることとなった。そんな中、現社長で8代目の遠藤玄一郎氏がエンドー鞄に入社したのが昭和54年のことである。同氏が入社して分かったことは、この会社が経営危機に陥っていることということだった。そこで玄一郎氏は、何が何でもエンドー鞄を助けようと決心するのである。

玄一郎氏が入社した当時のエンドー鞄には、勤続60年の番頭役のような社員もおり、玄一郎氏の社内での発言権は皆無に等しかった。豊岡市の大手の鞄メーカーの倒産が相次ぐ中、玄一郎氏は営業などで実績を上げて社内での発言権を獲得した後、起死回生の策として自社企画の製品を手がける。これが、「プログレス」と呼ばれる製品群であり、これは

5　本章における事例としてエンドー鞄を取り上げるにあたり、エンドー鞄株式会社代表取締役社長遠藤玄一郎氏にインタビュー調査へのご協力をいただいた。

図表7-1◆エンドー鞄のNEOPROブランド

（出所）エンドー鞄資料

現在でも「NEOPRO」というブランド名でエンドー鞄の主力製品の一つとなっている（**図表7-1**）。プログレスの製品開発にあたって玄一郎氏がもっとも重視したのは、「自分の持ちたい鞄を作ろう」ということであった。その根底には、自分と同じ価値観の人が日本国内に10～20万人はいるだろうという発想があったという。プログレスを開発していた昭和50年代後半ごろのビジネスバッグは、中にポケットが1つもないのが普通であったが、玄一郎氏はバッグの中がごちゃごちゃするのは嫌だと考え、鞄の中を整理するためのポケットの付いた製品を作ることを考えた。こうした鞄を作るには当然手間がかかり、これまでの鞄であれば3日でできるものが1週間はかかる。当時の鞄職人に「作ってください」とお願いしても、「こんな鞄は嫌だ」と、こうしたポケットを付けた鞄を作ることに対して難色を示されたという。

しかし、無理に頼み込んで何とか作ってもらった新作の鞄は展示会で好評を博し、次々と飛ぶように売れていった。実績が上がることで協力してくれる鞄職人の数も増え、最終

チャー2008年7月1日号88-90ページ（「小さな会社のための人の採り方販路の開き方－小さな会社のための『販路の見つけ方。開き方』－人脈なんて関係なし！」）、日経ベンチャー2000年9月1日号23-28ページ（「成功者が明かす、販路開拓の突破口－作戦　売り込みやすいルートで実績を残し『本命』を攻め落とす」）を基に、松山油脂のご協力を得て記述している。

的にプログレスシリーズは累計販売数200万個を超える大ヒット商品へと成長するのである。プログレスシリーズで成功を収めた後、エンドー鞄は機能性の高いオリジナル製品を次々とリリースしていくこととなる。

ケース　松山油脂[6]

東京都墨田区にある松山油脂は、創業1908年（明治41年）の老舗石けんメーカーである。現会長の松山光氏が先代社長を務めていたころ、松山油脂は大手メーカーの下請けとして、仕様が厳しく決められた製品のみを生産していた。先代社長の光氏は自分の代で廃業も考えたということだが、現社長で5代目の松山剛己氏にバトンタッチするとともに、松山油脂の事業は大きな変革を迎えることとなる。

剛己氏は、大学を卒業した後、大手広告代理店である博報堂に入社し、その後三菱商事に転職。足掛け8年間のサラリーマン生活を経て、1994年、30歳のときに松山油脂に入社した。「もともと起業願望があった」という剛己氏だが、研究開発は一切不要で、委託先の指示書どおりに作って納品すればよいという下請けの仕事には違和感を持っていた。「商社勤務の経験があったので、アジア各国で石けんが約30円と日本の5分の1の価格で売られていることも知っていた。それで以前のままの下請け型の事業では生き残れないだ

6　本章における松山油脂に関するケースについては、日経トップリーダー2014年３月１日号24-24ページ（「２代目なら変えよ！　しがらみを断ち切る－〈第３章　ファミリービジネス理論に学ぶ〉－『変えること』は後継者の責務」）、東洋経済Think!　2009年７月21日号8-11ページ（「デザインの力　第９回　松山油脂／マークスアンドウェブ」）、TKC戦略経営者2009年７月１日号12-13ページ（「販路開拓！この一手で突破せよ／【CASE2】松山油脂／販売担当者を足がかりに有名雑貨店と取引実現」）、日経ベン

ろうと強い危機感を持った」のだと剛己氏は語っている。「本当に良いものを開発して世に問うてみたい」（剛己氏）と、松山油脂は1995年に自社ブランドの製品開発に乗り出し、昔ながらの釜焚き製法で焚き上げた石けん素地を活かした「無添加石けん」を皮切りに自社ブランド「Mマークシリーズ」を完成させる（**図表7－2**）。しかしながら、剛己氏はここで販路の壁に突き当たることとなる。これまでは下請け型の事業が基本だったため独自の販路がなく、問屋に営業しても取扱量を増やしてもらえなかったのである。

図表7-2◆松山油脂のMマークシリーズ

（出所）松山油脂資料

　そこで、剛己氏は小売店に直接販路を開こうと、東急ハンズ、ロフト、ナチュラルハウスといった専門店にターゲットを絞り、各店舗のボディケア売り場に通い始め、売り場担当者とコミュニケーションを取ることにした。剛己氏は、「当社のブランド・コンセプトと合っていて、しかも私が個人的に扱ってほしいと感じたお店がこの3つ」「そこに食い込むことができれば、社員が自社ブランドに誇りを持てるようになるだけでなく、大手スーパーなどにも注目されるはずだと考えた」と語っている。さらに、東急ハンズでは、売り場担当者が仕入れ権限を持っていることも大きかった。売り場担当者の意見も取り入れ、パッケージや品揃えを工夫した結果、通い始めて数ヶ月後には東急ハンズ、また同時期にロフト、ナチュラルハウスに松山油脂の商品が並ぶようになった。

その後、松山油脂は「関連商品を増やしてブランド力を高めれば、『大手スーパー』などのバイヤーも関心を持ってくれるはず」（剛己氏）という考えのもと、ボディソープやスキンケアなどを次々に製品化。東急ハンズでは、取引開始から1年後には棚（什器）1本を専有し、ブランド名を掲げてもらうことにも成功した。その結果、1996年冬ごろから大手スーパーの商談が次々と舞い込むこととなった。その後、新たなOEM商品の依頼も入るようになったが、現在松山油脂では新たなOEM商品の依頼は受けておらず、双方の意見交換のうえ開発を行う「共同開発」の取り組みを一部企業と行っているという。

このように自社ブランドを立ち上げ、業態を転換するにあたっては、社内の反発も大きかった。一時は、先代の光氏ともぎくしゃくしていたという。社内の協力が得られないため、剛己氏は商品企画やパッケージデザインなどはサラリーマン時代の人脈を使って自ら手がけた。前述の販路開拓も一人で行っている。社内の反発を乗り越えるカギとなったのは、やはり東急ハンズなどでの成功体験だったのである。その後、松山油脂は取扱商品数を大きく増やし、売上を伸ばし続けている。

●業績に対する危機感が原動力

2社のケースで共通しているのは、後継者が自社の業績に対して強い危機感を抱いていたということである。エンドー鞄、松山油脂は双方とも元々OEM主体のBtoB企業であったが、受注量が減少し、またコスト競争にもさらされて業績が危機的状況となっていた。こうした状況に対してエンドー鞄の遠藤玄一郎氏や松山油脂の松山剛己氏はこのままでは自社は生き残れないと感じ、自社ブランドの立ち上げを決意している。

ブランドを立ち上げるためには、こうした（後継）経営者の危機意識が欠かせない。このまま座していては死を待つだけだと思うからこそ、思い切った業態転換が可能となるからである。これは、第5章で述べている第二創業に必要な条件とも共通している部分である。

●強みを活かして「自分の使いたいもの」を作る

エンドー鞄においてプログレスシリーズを立ち上げた遠藤玄一郎氏がもっとも重要視したのは、「自分の持ちたい鞄を作ろう」ということであった。また松山油脂では、松山剛己氏が「本当に良いものを開発して世に問うてみたい」と考えていた。さらに第6章で述べたスノーピーク社長の山井太氏は、社長自らが年間平均40～50泊のキャンプをし、その中で本当に欲しいと思われるものを製品化している。これらの事例に共通しているのは、自分が使いたいものを作るという姿勢である。ただし、ここでは徹底的な現場感を持つことが重要である。現場に身をさらし、ユーザー目線でとことん考え抜かなければならない。そうでなければ、本当に顧客が欲しいと思う製品を作ることはできないからである。

また、「自分が使いたいもの」を作るにあたっては、自社の強みは何かという点を徹底的に考えることも重要である。エンドー鞄のケースで言えば、鞄産業の集積地である豊岡市にあって、様々な顧客ニーズを捉える鞄を作ることができる技術力があった。また、松山油脂では、元々OEMビジネス時代から透明石けん製造の技術や昔ながらの釜焚き製法での石けん製造の技術などに強みがあった。こうした強みを見極め、それを分かりやすい形で提供することによって、顧客のニーズを捉えることができたのである。

●成功体験を共有し社内の反発を乗り越える

新たなブランドを立ち上げ、業態を転換する過程では、様々な社内での反発を乗り越えなければならない。新たなブランドを立ち上げる際には、「なぜそのような（面倒な）ことをしなければならないのか」「それは自社にふさわしいやり方ではない」「うちはいままでこうしてきた」といった社内の反発が必ずと言ってよいほど起こる。永続性をもっとも重要視するFBでは、こうした永続性のワナにはまってしまうことが本当に多いのである。

こうした社内の意識を変え、新しいブランドに向けた求心力を醸成するために必要なのは、できるだけ早い段階で成功体験を共有することである。エンドー鞄では、無理を言って頼み込んで作ってもらった新作の鞄が展示会で好評を博したことが、こうした反発を乗り越えるための力となった。また、松山油脂の場合であれば、東急ハンズなどの有名専門店に取り扱ってもらえたことが、社内の風向きを大きく変えた。この点について、松山剛己氏は「東急ハンズ、ロフト、ナチュラルハウスでの取り扱いが始まった時には、ずいぶん社内の雰囲気も変わりました」と語っている。社内の反発を跳ね返し、永続性のワナを乗り越えるためには、実績が最強の武器になるのである。

7-4 ブランドと営業・販路の拡大

●ブランドを確立するためには販路拡大が重要課題

これまで見てきた事例でもそうであったように、自社ブランドを確立するためには、販路の拡大が重要課題となる。これまで下請け企業であったＦＢが、新たな販路を確立することは決して簡単なことではない。そこで、ここではブランドを確立するための販路拡大の方法について、これまで見てきた事例も踏まえて考えてみよう。

●トップ営業で活路を切り開く

まず、重要なのはトップ自らが営業活動を行うということではないだろうか。エンドー鞄でも、松山油脂でも、トップ自らが展示会や専門店の店頭を回り、営業活動を積極的に行っていた。また、西山金属でもウェブを通じた営業活動を主導したのは、現社長である西村憲治氏の息子（昭宏氏）であった。スノーピークが問屋経由の取引から販売店との直接取引に移行する際には、取引を止める問屋に対しても社長自らが訪問して事情を説明し、販売店ネットワークを作る際にも社長が同行して商談を行っている。これまで自社ブランドによるビジネスを行ったことのない多くのFBでは、営業部門自体が存在しなかったり、存在していたとしても非常に小さな組織であることが多い。そのような中でいきなり自社ブランドを携えて販路拡大を行いなさいと言っても、なかなか動けるものではない。また、そのブランドの価値に対してこだわりを持ち、一番よく理解している人間が営業を行うのがもっとも効果的でもある。したがって、少なくともブランド立ち上げ当初からある程度軌道に乗るところまでは、トップが自ら営業活動を行い、販路開拓を行うことが重要なのである。

トップが自らこうした活動を行うもう1つの意義は、社内外に対して、ブランド確立に対して不退転の決意で臨むというトップ自身の意思を示すことにつながる点である。トップが行動しなければ、従業員はついてこない。トップ自らが先導し、旗振り役となってこそ、他の従業員も本気になる。ブランドの確立に関しても、「先ず隗《かい》より始めよ」が極めて重要なのである。

●自社の価値を分かってくれるところに営業する

営業先としてどこを選択するのかというのも重要なポイントであろう。松山油脂のケースから読み取れることは、自社（あるいは自社製品）の価値をよく理解してくれるところに営業を行うべきであるということだ。

松山油脂が自社ブランド製品を開発した当時、石けんを取り扱う問屋はその価値を認めてくれず、取引量を伸ばすことができなかった。そこで突破口になったのは有名専門店の売り場担当者への営業であった。こうした担当者はどんなものが売れるのかを肌で感じているため、松山油脂の新しい製品群を高く評価し、それが店舗での取り扱いにつながったのである。

また、スノーピークにおいては、販売店との直接取引を行うネットワークを構築するにあたって「もしこの店が正規代理店になってくれたら理想の販売網ができる」という小売店を250店舗リストアップしたが、こうした店の経営者はスノーピークがオートキャンプという市場を作り出してきたパイオニアであるということを認めていたため、すべての店舗が正規代理店になることを引き受けてくれた。

せっかく良い製品、サービスがあっても、その価値を認めてくれないところに営業に行

って も成果にはつながらない。FBならではのこだわりや、経営トップが自ら使いたいものを作るということがFBにおけるブランド立ち上げにおいて重要であるからこそ、自社、自社製品・サービスの価値を分かってくれると思われるところに営業活動を集中させるべきである。

インターネット、SNS、イベントを利用して顧客とのつながりを深める

インターネットやFacebookなどのSNS（ソーシャル・ネットワーキング・サービス）を使って顧客との距離を縮めることも重要だ。本章でも先に少し述べたが、西村金属がチタンの微細加工技術をテコに新分野進出を図ったときに効力を発揮したのは、インターネットを通じて自社の強みを分かりやすい形で発信したことであった。

インターネットを利用することのメリットのひとつは、比較的低コストで自社の情報を発信できることにある。特に、顧客が何かで困っていて、それに対する解決策を求めている場合には、情報を顧客自らが探索してくれる。こうしたときに、分かりやすい形で自社の強みを表現したウェブサイトを用意しておくことで、新たな顧客開拓につながるのである。比較的規模の小さいFBであっても、このような手段を用いれば、自社の強みを広く発信することができる。先に挙げた西村金属の例に限らず、筆者がお付き合いをさせていただいているBtoBビジネスを主力とするFBでも、インターネットを活用することで思いもよらない先からの受注を数多く受けているが、そこで重要なのは、自社は何ができる

のかを顧客に分かりやすく見せることである。これまでに手がけた製品などのサンプルを数多くウェブサイトに掲載しておく、といった手段も非常に有効である。

また、リアルなイベントでも顧客との距離を縮めることができる。スノーピークが「スノーピークウェイ」というキャンプイベントを行っていることは先に述べたが、こうしたイベントに社長をはじめとした従業員も数多く参加することで、顧客と会社の距離は非常に近いものとなる。ただし、スノーピークではこのイベントで自社製品を積極的に売り込んだりはしていない。むしろ、そこでユーザーの声を社長や従業員が直接聞き、それを製品に反映することが重要だと考えているからである。ユーザーにとっては、製品に自分の声が活かされることで、自らにとっての（同社およびその製品の）ブランドの価値を再確認する場になっていることは間違いのないところであろう。

第8章

FBの経営におけるM&Aの活用法

「M&Aで成長の軌道を変える」

8-1 FBにおいてM&Aをどう活用すべきか？

「M&A」と聞くと、2013年に実施されたソフトバンクによる米国のスプリント・ネクステル社の買収や、2014年に合意が発表されたサントリーによる米蒸留酒最大手ビーム社の買収など、国際的な大型買収の案件を思い浮かべられるかもしれない。しかし、近年では、中小・中堅企業同士のM&Aの件数も増加している。**図表8-1**は、M&A助言のレコフ社調べに基づく未上場企業同士のM&A件数の推移である。2006年に件数のピークを迎えた後、リーマンショックの影響もあってか一旦件数は減少したものの、2011年以降はまた件数が増加傾向に転じていることが分かる。未

図表8-1◆未上場企業同士のM&A件数

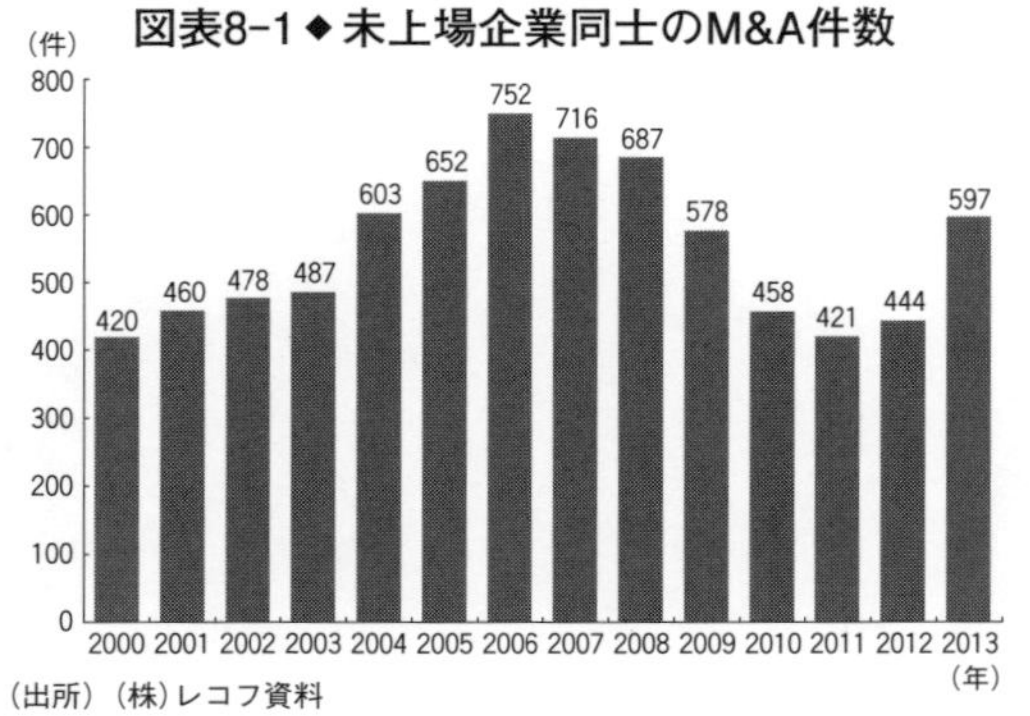

（出所）（株）レコフ資料

図表8-2◆後継者有無別の事業売却への関心度

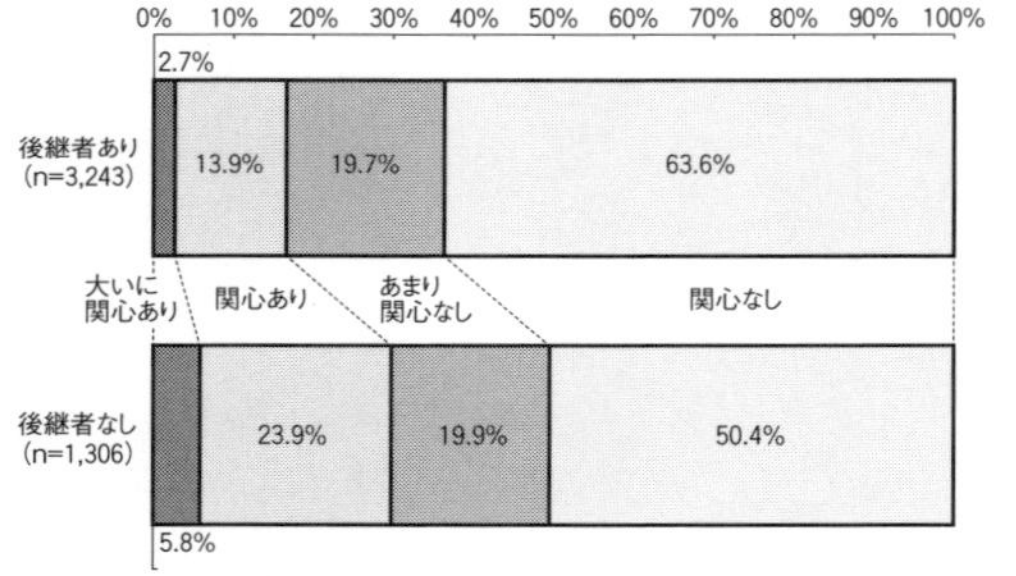

（出所）中小企業庁「中小企業の事業承継に関するアンケート調査」（2012年11月）

上場企業のすべてがＦＢとは限らないとはいえ、この件数の中にはＦＢの案件が相当数含まれていると推測される。

こうしたＭ＆Ａの増加は、ＦＢにおける後継者問題と密接に関わっている。**図表8－2**は、後継者の有無と事業売却に関する中小企業に対するアンケート調査の結果をまとめたものである。これによれば、後継者がいない企業では、その約3割が事業売却に対して「大いに関心あり」「関心あり」と回答している。このことからも、後継者不在のＦＢにおいて、Ｍ＆Ａが決して無縁なものでなくなってきていることが分かる。ならば、ＦＢはＭ＆Ａに対してどのように立ち向かっていけばよいのだろうか。本章では、ＦＢにとってのＭ＆Ａの活用方法について探っていくことにしよう。

8-2　ＦＢの「終活」と「成長戦略」としてのＭ＆Ａ

●創業者利益を獲得するためのＭ＆Ａ

すでに述べたように、後継者への事業承継の目処が立たないＦＢにとっては、Ｍ＆ＡはいわばＦＢの「終活」の有効な手段となり得る。ここではまず、コロナ工業による浅草長谷川の買収事例から、ＦＢにおけるＭ＆Ａのあり方について考えてみることにしよう。[1]

1　本章のコロナ工業と浅草長谷川に関する記述は、週刊ダイヤモンド2013年11月９日号56ページ、および2013年９月10日付日本経済新聞地方経済面（静岡）に基づいている。

浅草長谷川は、1927年（昭和2年）創業の内装資材販売会社である。年商は4億5千万円前後で堅調に推移していたものの、創業者の長男で2代目社長の長谷川一雄氏が高齢になる中、後継者は不在の状況であった。そんな中、浅草長谷川の買収に対して手を上げたのが静岡市に本社を置くコロナ工業であった。コロナ工業は、壁紙などの室内装飾を販売する、いわば同業者である。コロナ工業の創業は1968年（昭和43年）で、年商は約25億円であった。コロナ工業は、事業を拡大する中で川崎市に支店を開設するなど、首都圏に営業拠点を拡大しようとしていた。

このM&Aを通じてコロナ工業は、首都圏に新たな営業拠点を確保することができた。一方、浅草長谷川の長谷川氏がM&Aの条件として提示したのは、社名を残し、従業員の雇用を維持するとともに既存顧客との取引関係を存続させることであった。コロナ工業の社長である武井啓司氏は、このことに関して「東京では浅草長谷川の雇用や名前、市場を引き継いだほうが食い込みやすい」と語っている。雇用や取引関係を維持したい浅草長谷川と、東京エリアに営業拠点を広げたいコロナ工業の思いが一致したことによって実現したM&Aであると言えよう。なお、浅草長谷川の株式の取得価格は公表されていないが、株式に対する何らかの対価が浅草長谷川の株主側に支払われたと推測される。そうした意味では、このM&Aによって、少なくとも創業者利益の一部を確保できたと見ることができる。創業者利益の確保は、FB経営者のリタイアメント後の生活を考えれば、決して無視することのできない側面であろう。

●M&Aを成長の原動力に

このように、後継者不在のFBにとって、M&Aは「店じまい」の有効な手段となり得る。一方、買い手にとっては、M&Aが自社の成長の原動力となる可能性がある。ここでは、M&Aによって成長を実現した事例として、関東地方で鋼材の加工・販売を行うヨシケンの事例を見てみることにしよう。[2]

ヨシケンは、鋼材加工に強みを持ち、ここ数年で事業拡大に成功、2014年4月期には売上高が前年の30%アップとなることを見込んでいる。その成長の源泉となったのは、M&Aによって新たに取得した営業拠点であった。2013年現在で主力拠点となっている川越事業所は、2010年に日鐵商事鉄鋼建材埼玉から土地や建屋、設備等を取得して開設したもので、豊富な加工設備を武器に顧客開拓を進めている。また、2012年末に廃業した藤島鉄鋼から取得して開設した新座営業所は、建材加工業者向けの商品を中心に取り扱っている。ヨシケンと藤島鉄鋼の取引の歴史は35年に及ぶ。鋼材加工を手がけ始めたヨシケンに対し、材料販売を専門とする藤島鉄鋼はヨシケンに加工を依頼するという関係だった。いわば、藤島鉄鋼はヨシケンにとってはお得意様であり、藤島鉄鋼にとってヨシケンは加工を手がけてくれるパートナーだったわけである。そんな中、藤島鉄鋼の社長を務めていた藤島吉夫氏が死去し、藤島鉄鋼社内が動揺していると耳にしたヨシケン社長の吉柴博氏が事業承継を持ちかけ、埼玉県新座市にある事業拠点をヨシケンが引き継ぐこ

2 本章におけるヨシケンに関する記述は、2013年10月17日付日刊産業新聞第2面、2012年12月4日付鉄鋼新聞第2面に基づいている。

となった。この統合は、ヨシケンと藤島鉄鋼両社の事業領域が隣接してはいるが、鋼材加工中心のヨシケンと材料販売専門の藤島鉄鋼では商品がバッティングしておらず、また顧客も「見事に棲み分けされて」おり、「相乗効果が期待できる」(吉柴博氏)M&Aとなった。藤島鉄鋼廃業の翌日から営業を開始し、これまで以上のサービス提供を行ったことで、従来からの顧客をスムーズに引き継ぐことができたという。吉柴博氏は、「ちょうど当社も後継者となる長男が勤め先の商社から戻ってくるなど、社内が充実化していたので、供給責任を果たしたい藤島鉄鋼さんの意向に応じることができた。仕入先やお客さま、そして雇用が守られた社員も含め、多方面でウィンウィン関係の構築につながった」と語っている。

●M&Aを成功させるために

この事例において重要なポイントは3つある。1つは、隣接領域でありながら商品分野や顧客がバッティングしておらず、シナジー(相乗)効果が期待できる統合であったこと。2つ目は、ヨシケンが事業拡大に向けて社内体制を整備していたタイミングと藤島鉄鋼を引き継ぐタイミングが一致したこと。そして最後に、ヨシケンと藤島鉄鋼の間に長年の取引があり、両社の間に信頼関係があったことである。M&Aを行う以上、1+1が2以上となるような組み合わせでなければ意味がない。その点、両社は事業領域が密接に関連しながら、商品分野や顧客はバッティングしていなかった。両社が1つになることで今後売上や利益がこれまで以上に伸びるかどうかはこれからにかかってはいるが、両社の販路に対して商品を総合的に提供することなどにより、中長期的にはこれまで以上の伸びを期待することもできるだろう。また、事業をM&Aで引き継ぐ場合、引き継ぎ先の会社に双方を支えられる体制がないと、事業を引き継ぐことは難しい。この点についても、ヨシケン側で後継者が社内に戻ってくるなど、事業拡大を志向できるタイミングであったことが大きいと言える。さらに、ヨシケンと藤島鉄鋼の間には、長年の信頼関係があった。この点が、M&Aをどのように行っていくのかという両社での話し合いをスムーズに進めることができた重要な要因であったと考えられる。

図表8-3◆M&Aのメリット

売り手FBにとってのメリット	買い手FBにとってのメリット
・従業員の雇用を確保しやすい	・「時間を買う」ことができる
・創業者利益の一部を確保することができる	・買収先の従業員、名前、顧客などを引き継ぐことができるため、新たな市場に参入しやすい
・販路拡大や資金調達がスムーズになることで、事業の更なる発展を目指せる可能性がある	・買収事業の効率化、経営改善を図ることで、利益の拡大が見込める
・取引先との関係が継続できる(取引先に迷惑をかけずに済む)	・新たな製品や技術を取り入れることで、事業の成長や安定が実現できる

(出所)筆者作成

●売り手、買い手にとってのM&Aのメリットとは

売り手、買い手となるFBにとってのM&Aの主なメリットをまとめたものが、**図表8−3**である。

まず、売り手となるFBにとっては、従業員の雇用を確保できることが大きい。後継者不在のFB経営者の多くが悩むのは、廃業してしまうと従業員の雇用が失われる点である。その点、M&Aであれば、

買収を行う会社にとっては買収先の社員は重要な経営資源であり、その雇用を守ることを条件にM＆Aを行うことも可能となる。また、先に述べたように、売り手FBの経営者の手元には、株式売却の対価が残る。リタイアメント後の生活資金を確保することを考えれば、この点も見逃すことはできない。また、譲渡された企業としても、販路開拓や資金調達の面でメリットを享受でき、さらなる事業発展を目指していくことができる可能性がある。さらに、廃業となれば取引先に迷惑をかけることとなるが、事業を継続できれば、こうした点でもメリットがあるだろう。一方、買い手側のFBにとっては、自前で新たな事業展開を行うのに比べて、短期間で新たな事業を立ち上げることができるといったメリットがある。いわば、M＆Aによって「時間を買う」ことができるのである。このようなことが可能となるのは、M＆Aでは買収先の従業員、名前（社名・屋号・ブランド名など）、顧客を引き継げることが大きい。スムーズにサービスを引き継ぐことができれば、従来の顧客を失うことなく、さらなる成長を見込むこともできるだろう。

また、買収先は廃業を見据えて、設備投資等を控えることで事業の効率が低下しているケースもあるだろう。このような場合、必要な設備投資等を行うことで効率性を高め、十分な利益を生み出す事業へと転換できる可能性がある。また、新たな技術や製品など、これまで自社にはなかった経営資源を取り込むことができることも大きい。第5章では、第二創業において自社に不足する経営資源を外部から取り入れることの重要性について述べたが、M＆Aはこうした外部資源を取り入れる重要な手段となり得るだろう。

●M＆Aを行う上での障害

以上のようなメリットのあるM＆Aであるが、実際に行うとなるとその障害も多い。図表8－4は、中小企業庁が行った、事業売却を行う際の障害についてのアンケートの結果である。これによれば、最大の障害は買い手企業を見つけることの難しさとなっている。

図表8-4◆事業売却を行う場合の障害

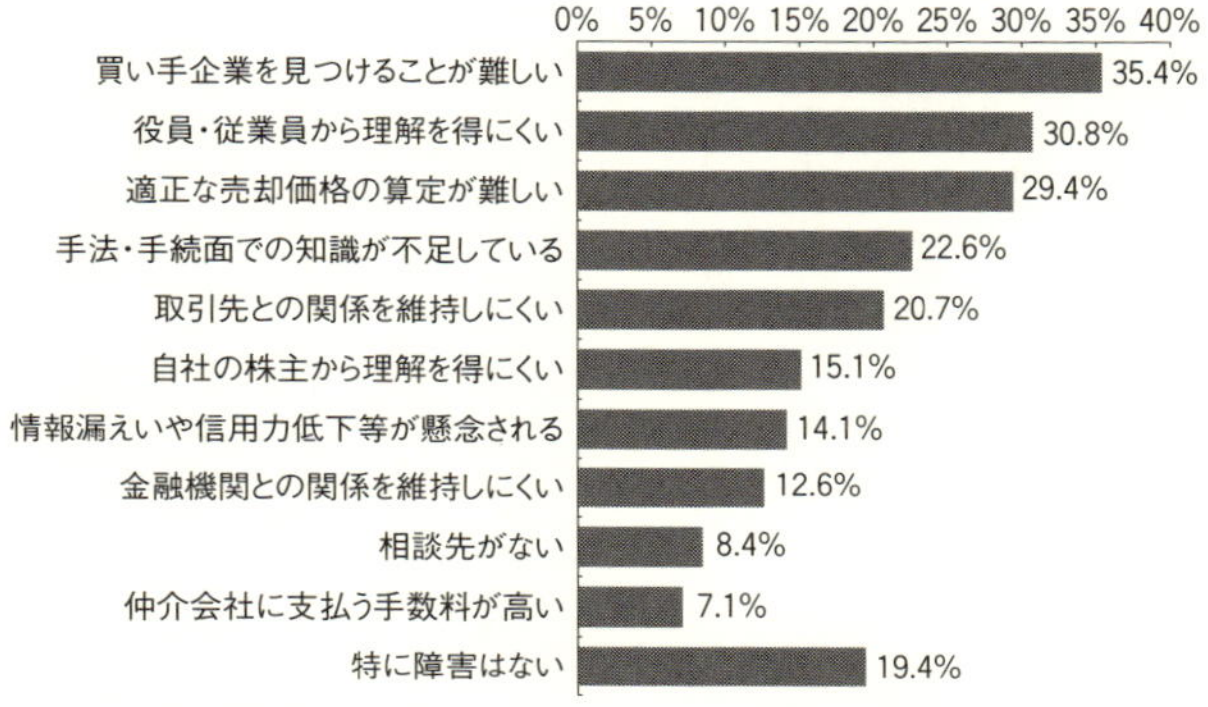

（注）上記は中規模事業者（n=1,955）に対するアンケート集計結果である（複数回答）。
（出所）中小企業庁「中小企業の事業承継に関するアンケート調査」（2012年11月）

先に述べたヨシケンの事例においても、お互いに信頼関係がある会社同士の案件であったことがM＆Aをスムーズに進めることができた要因だったのではないかと述べたが、通常の場合、たまたまこのような相手が見つかる可能性は決して高くないだろう。このような状況を受けて、経済産業省・中小企業庁は全国47都道府県に事業引継ぎ相談窓口を、特に事業引継ぎのニーズが高いと思われる地域10ヶ所（北海道、宮城、東京、長野、静岡、愛知、大阪、岡山、愛媛、福岡）に事業引継ぎ支援センターを設置している（2014年2月末現在）。こうした事業引継ぎ支援センターでは、買収先探しに必要な匿名の企業概要書（ノンネーム資料）の作成やM＆A仲介会社の紹介を行っており、センターによっては直接売り手と買い手の仲介等の支援もしている。ちなみに、先に取り上げた浅草長谷川の事例は、静岡県の事業引継ぎ支援センターが関わった案件である。静岡県事業引継ぎ支援センターでは、2012年1月の開設以降、2014年2月末までに14社のM＆Aの成立にこぎつけているが、そのうち9社の売り手が赤字企業だったという。[3] 黒字企業の方が事業売却において有利であることは間違いないが、新たな設備投資や経営の効率化等によって買収後の黒字化の見込みさえ立つのであれば、赤字企業であっても買い手を見つけることが可能である。同センターの統括責任者の清水至亮氏によれば、こうした赤字企業の場合、売買価格が折り合いやすく、案件としてまとまりやすい場合も多いという。また、こうした支援センターの活用は、**図表8－4**の中で第4位に挙げられている「手法・手続面の知識が不足している」点への助けともなる。事業売却を検討するにあたっては、こうした支援センターへの相談も一考に値するのではないだろうか。

3　本データに関しては、静岡県事業引継ぎ支援センター統括責任者の清水至亮氏からご提供いただいた。

8-3 M＆Aと悪い噂？

●M＆Aは「乗っ取り」なのか？

ここまでM＆Aが日常的に行われるようになったので、以前ほどではなくなりつつあるが、「M＆A＝乗っ取り」というような悪いイメージが相変わらず存在している。筆者も、あるFBの経営者から、「基本的に当社は、取引先からたっての頼みでもない限りは、企業買収を行うつもりはない」というような話を聞いたことがある。企業買収を行うと、乗っ取り屋として業界内で悪いうわさが立つのではないか、仲間内で嫌われてしまうのではないか、という懸念がそこにはあるように思われる。いくら自社の戦略上有効な手段であるように思われても、こうした懸念がある以上、M＆Aに乗り出すことはできないと考えている会社は未だに多いだろう。例えば、第5章で事例として取り上げたエルメスは、2010年以降LVMHモエヘネシー・ルイヴィトン（以下、LVMH）が株式を買い進めたことに対して強く反発している[4]。LVMHがエルメスの経営権を握るつもりはないと繰り返しているのに対し、エルメスが「会社を乗っ取る意思があるのは明らか」としている背景には、買収によってブランド王国を築いてきたLVMHのビジネスモデルに対する不信感があると言われている。こうした「乗っ取り屋」的なイメージがつくのを恐れる経営

4 本章のLVMHとエルメスに関する記述は、2013年7月3日付日本経済新聞朝刊第7面に基づいている。

第8章 FBの経営におけるM＆Aの活用法

者は数多く存在するが、特に古い業界慣行を持つ会社の経営者に多いように思われる。こうしたことが、M&Aの障害になっている可能性は十分にあると言えるだろう。

●悪いイメージを乗り越えて

では、このような状況をいかにして乗り越えるべきだろうか。これに対しては、何か画期的な方法があるわけではない。ウィンウィンの関係を構築できるようなM&Aが徐々に増えることで、時間とともにM&Aが根づいていく部分もあるだろう。また、買収先との信頼関係を大事にし、かつ従業員に対する配慮を十分に行うことで、「乗っ取り屋」的なイメージが極力つかないようにすることも、もちろん重要である。

ただ、ひとつ留意しておきたいのは、日本国内でM&Aが数多く行われるようになってからまだ20年弱ほどしか経っていないにも関わらず、すでにM&Aが経営上の一手法として定着しつつあるという事実である。長い間存続してきたFBの歴史と比較すれば、非常に短い期間でM&Aは日本企業の経営に根づいていると言える。最初から「M&A＝悪」だというイメージに囚われて検討の俎上に乗せないのではなく、経営戦略を実現する一手段としてM&Aという選択肢があるということを心に留めておくことは、FBの永続性を実現していくという観点からしても非常に重要なのではないだろうか。

8－4 M＆A戦略の考え方

●自社の戦略とM＆Aの関係性

買収や事業の譲り受けを行う企業の立場で考えたときに、M＆A戦略をどのように考えるべきだろうか。まず大前提としてあるのは、自社の事業戦略・企業戦略とM＆Aの整合性が非常に重要であるということである。当然のことだが、M＆Aは手段であって目的ではない。自社が今後どのような方向に進むべきなのか、そしてM＆Aをどのように活かすことができるのかということが重要なのは、通常の企業であっても、FBであっても特段変わることはない。今後の自社のビジネスについて、販路を拡大していくことが重要なのか、新たな技術を獲得して新製品の開発を行うべきなのか、優秀な人材をグループ内に招き入れることが必要なのか、といったことを常日ごろから考え続けておくことで、効果的なM＆Aをタイミングよく行うことができる。非常にまずいのは、なぜM＆Aを行うのか、その目的が曖昧なままに行うことである。目的が明確でないM＆Aが成功する確率は限りなく低いということを肝に銘じておく必要がある。

また、自社の経営資源を踏まえたときに、どのような会社であればM＆A後の効果を上げることができるのかを検討しておくことも重要である。詳しくは8－5で触れたいと思うが、まったく土地勘のない企業を買収したとしても、その企業の経営状況を改善することは難しいだろう。もちろん、M&Aの目的次第では落下傘的なM&Aが肯定されるべきケースもあるが、自社の経営ノウハウが活かせる領域でM&Aを行う方が、一般的にその成功確率は高くなる。

●M&Aの是非をどう判断するか?

こうした点を踏まえた上で、実際にM&A案件の候補が出てきた場合に、そのM&Aの是非をどのように判断すべきだろうか。当然のことながら、自社が進むべき方向にぴったりと合致する理想的な企業が案件として出てくるとは限らない。むしろ、理想とは多少異なる会社が候補として挙がってくることがほとんどであろう。M&Aの対象となる企業に大きな問題がなく、その価格が妥当なものであったとしても、こうした場合の意思決定は極めて難しいものとなる。ここで重要なのは、「大きな方向性としてこの会社を買収することは、自社の戦略目標に沿ったものかどうか」という視点で検討することであろう。そこで必要となるのは、いわば経営の「大局観」とも言えるかもしれない。もちろん、ここで合わない、と判断したならばM&Aを行わないことも重要な意思決定である。さらに、限られた条件の中で上がってきたM&A先を自社の戦略にすり合わせていくためには、様々な細かな配慮が必要になる。M&A戦略を進めていくにあたっては、意思決定を大きな視点で行い、実行は細かな配慮で行うという、2つの側面を念頭に置きながら行っていく必要がある。

8-5 M&Aの成果（シナジー効果）を実現するためには

●シナジー効果は買い手企業にとって最大の関心事

これまでも述べてきたように、M&Aを行う上で非常に重要なのは、いかにしてその成果を実現するかということである。**図表8-5**は、事業承継型M&Aを行った売り手企業に対して、買い手企業からどのような点を評価されたのかを聞いたアンケート調査の結果である。これによれば、買い手企業が評価した最大の項目として、自社事業と売り手企業の間でのシナジー効果が挙げられていることが分かる。つまり、買い手企業にとってはM&Aによってシナジー効果を生み出せるかどうかが最大の関心事となっている。このデータか

図表8-5◆M&Aの譲渡先から評価された点

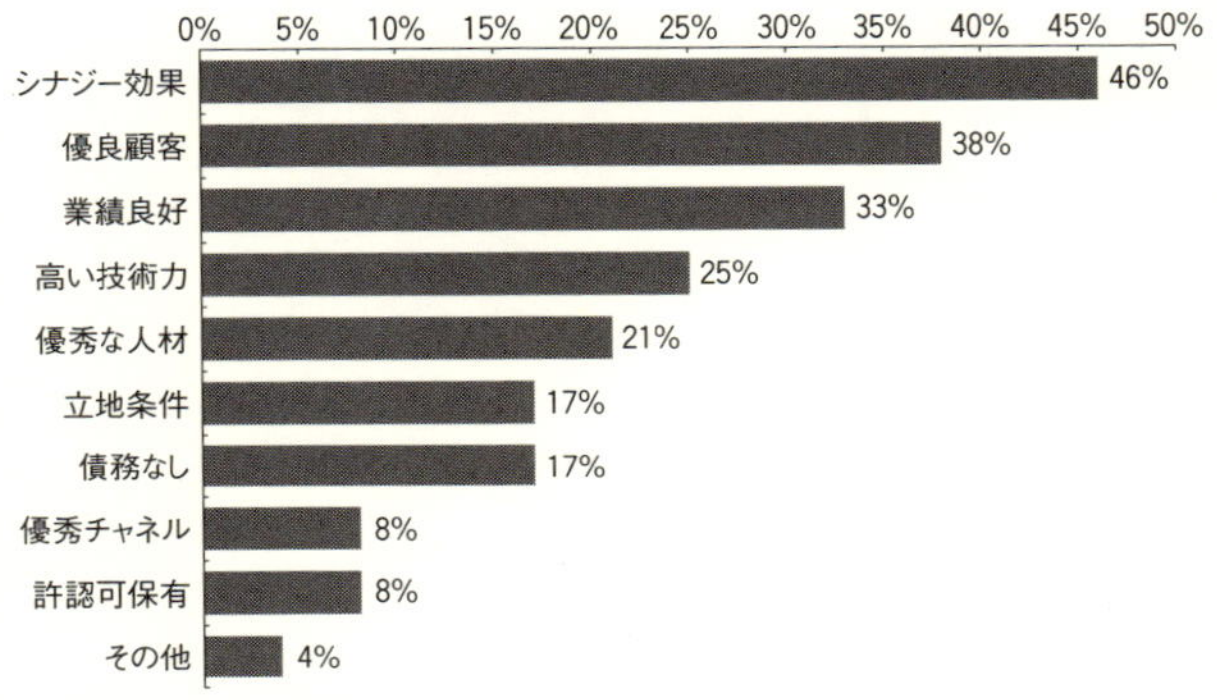

（注）上記は事業承継型M&Aの売り手（n=24）に対するアンケートの結果である（複数回答）。
（出所）中小基盤整備機構「事業承継に係る親族外承継に関する研究」（2008年3月）

らも、いかにしてシナジー効果を創出するかということがM&Aの実施を検討する上で極めて重要であることが分かる。

それでは、シナジー効果を創出するためにはどうすべきだろうか。これについても唯一の回答があるわけではないが、シナジー創出に成功した事例から、一定の示唆を得ることができるだろう。ここでは、現在の企業規模は大きいが、多くのM&Aを成功させて大きな成長を遂げた日本企業の代表例とも言うべき日本電産株式会社（以下、日本電産）をケースとして取り上げ、M&Aにおけるシナジー効果の創出について考えてみることにしよう。

ケース　日本電産[5]

日本電産は、京都府に本社を置くモータを主力製品とするメーカーであり、近年「回るもの、動くもの」を中心とした積極的な事業買収を行うことで、大幅な成長を実現してきた。積極的なM&Aも奏功して、1991年3月期に約600億円であった売上高は、2014年3月期には約8千750億円となり、この20年余りで15倍弱の水準にまで増加している。また、利益も変動はありながらも基本的には右肩上がりで伸びており、2014年3月期には約850億円の営業利益を計上している。

日本電産のM&Aの特徴として挙げられるのは、買収する企業の事業領域をモータおよ

5　本章の日本電産の事例は、矢部謙介『日本における企業再編の価値向上効果ー完全子会社化・事業譲渡・資本参加の実証分析ー』（同文舘出版、2013年）の6-10ページの内容に加筆修正を行ったものである。

びモータの応用製品、部品に絞っているところである。日本電産の創業者であり社長である永守重信氏は、買収する会社の条件として「自分の会社の本業を強くしていける会社を買います。競争相手を買うのが一番良いですね。その次に自社が持っていない技術を持っている会社を買います」[6]と述べている。また、永守氏は、自社のM&Aの方向性を「集中」型と「放射」型の組み合わせであるとも説明している。[7]

「集中」型とは、競争に打ち勝つために必要な技術を獲得するために、一点集中的にM&Aを行うことを指している。日本電産は、97年から98年にかけてトーソク、京利工業、コパルといった会社を傘下に収めたが、これがまさに「集中」型のM&Aであった。当時、精密モータはシャフトと軸受の間にボールベアリングを入れる形式のものが主流であったが、ハードディスクの高密度化に伴い、ベアリングの代わりに潤滑油を入れる流体軸受け（FDB）タイプが主流になると言われていた。しかしながら、日本電産はその十分な技術を保有していなかったため、上記3社のM&AによってFDBタイプのモータを生産できる技術を手に入れることを目指した。こうした「集中」型のM&Aに関して、永守氏は「目標を定め、それに至る道筋で社内にない経営資源のマス目を一つひとつ埋めておくことが大事なのです。そうすれば、変化が急にやってきても、即座に対応できるからです」と述べている。その結果、日本電産はハードディスク用モータで世界的に非常に高いシェアを獲得することに成功したのである。

もう一方の「放射」型とは、日本電産が1990年代末から本格化させた家電、産業用

6　起業家倶楽部2012年8月号9-11ページ。
7　「集中」と「放射」に関する永守氏のコメントは日経ビジネス2012年1月30日号から引用している。

および自動車モータへの多角化を指す。例えば、日本電産は2006年に仏ヴァレオ社の車載モータ部門を、2010年には伊ACC社の家電用モータ部門と米エマソン社の家電・産業用モータ部門を買収しているが、これは、車載用、家電用および産業用モータ事業をグローバルに展開していこうという姿勢の表れである。こうした「放射」型のM&Aにおいて重視すべきポイントに関して、永守氏は「技術の獲得はもちろん大事ですが、ここでは、業界人脈であり商圏と、それを持つ人材を得ることが重要になるのです」と語っている。新市場においてもっとも構築に時間のかかる人脈と商圏をM&Aによって獲得し、短時間で新市場に浸透していくことを目指しているということであろう。

また、日本電産が行うM&Aの特徴として、ムダの多い会社を好んで買収するという点も挙げられる。優れた人材、良い技術、良い市場を持っていることが前提であるが、その上で工場の整理整頓が行き届かず、仕入れ品のコストが高く、従業員の勤務態度が悪い会社を買収するという。[8] ムダが多い分だけ、利益の伸び代があるということであり、日本電産が買収することによるシナジー効果が高い企業を選んで買収を行ってきたと解釈することができる。

さらに、日本電産の永守重信社長は、M&Aの実行のみならず、その後の統合においても陣頭指揮を執っており、例えば日本電産サーボ（旧日本サーボ）の買収完了後にはほぼ毎週2泊3日のスケジュールで日本電産サーボのある群馬県桐生市に通い、工場の改善や社員とのコミュニケーションに尽力した。[9] その結果、買収前まで2期連続営業赤字だった

8　日経ビジネス1997年11月17日号104-106ページ。
9　日経ビジネス2009年１月19日号42-48ページ。

日本電産サーボは買収初年度の2008年3月期に過去最高益を更新したのである。

●シナジー効果を実現するために

以上の日本電産の事例から、シナジー効果を実現するためのポイントとして、筆者らは以下の5つが挙げられるのではないかと考えている。

①　自社の戦略と整合性の高い企業を選ぶ
②　伸び代の大きい企業を選ぶ
③　土地勘がある企業を選ぶ
④　トップが徹底的にコミットする
⑤　早い段階で成功体験を共有する

まず、最初に挙げたポイントは、自社の成長戦略と整合的な企業の買収を行っているという点である。自社ビジネスを伸ばしていく上で必要な技術を獲得する「集中型」のM＆A、自社の製品ポートフォリオを組み替えるために行っている「放射型」のM＆Aのいずれも日本電産の成長シナリオ上必要なものであることが分かる。自社の成長のために必要なパズルのピースをはめ込むようにM＆Aを行っているからこそ、期待される効果が明確になるとも言える。

2つ目は、伸び代の大きい企業、言い換えれば改善余地の大きい企業を選んでいるということである。ムダの多い会社を選ぶ、というのは一見業績改善に対してマイナスに思えるかもしれないが、そうした会社であれば比較的安い価格で買収することができ、かつその後の改善効果が大きいということを物語っている。

そして、価格に対する目利きができ、経営改善の効果をある程度事前に見積もることができるという点で、土地勘のある企業を買収しているというのも重要な点である。土地勘があるからこそ、買収価格が妥当なのか、経営改善によってどの程度業績を伸ばすことができるのかを見極めることができる。

創業社長である永守氏が買収先に対して徹底的にコミットしていることも大きなポイントのひとつだ。買収企業の立て直しに関するノウハウが永守氏に集中していることの裏返しでもあるが、買収ノウハウを持つ永守氏が現場で自ら陣頭指揮を行っているからこそ、短期間でシナジーを実現できているのである。

最後は、ひとつ前に指摘したこととも関連するが、短期間で業績を改善することで、成功体験を買収先と共有していることである。このことは、買収先の業績を継続的に改善することに寄与していると考えられる。永守氏はこの点に関して、次のように述べている。

「社員がやるべきことが何かさえ分かっていれば、多少業績が悪くなっても、しばらくすると自力で這い上がってくる。そうなれば本物や」[10]

8-6 M&A価格の考え方

●譲渡価格をどう値決めするか?

M＆Aを行うにあたって、売買価格およびその算定（バリュエーション）が重要であることは言うまでもない。しかしながら、本書でバリュエーションの詳細に触れるのは紙幅の関係上非常に難しい。したがって、ここではM＆Aの価格算定の考え方について簡単に触れておくまでに留めたい。また、買収価格の決定にあたって行われる詳細な調査（デューデリジェンス）についても、本書では割愛する。詳細について知りたい方は、別途参考となる書籍にあたっていただきたい[11]。

●価格算定(バリュエーション)の手法

株式譲渡による買収の場合、株式の価値を計算する必要がある。買収の対象となる会社が上場企業の場合、割引キャッシュ・フロー法（DCF法）や類似会社比較法、類似取引比較法などが用いられる。一方、FBのM＆Aの場合、買収の対象となる会社は未上場企

---

10 日経ビジネス2009年1月19日号42-48ページ。
11 バリュエーションやデューデリジェンスについては、安達和人『ビジネスバリュエーション－評価の基本から最新技法まで』（中央経済社、2011年）や、絶版ではあるが監査法人トーマツ編『M&Aの企業価値評価－理論と実務の総合解説－』（中央経済社、2005年）などが参考となる。

業であることの方が多いだろう。未上場企業の売買価格の算定によく用いられるのは、時価純資産法と呼ばれる方法である。ここでは、時価純資産法を簡単に説明しておきたい。

まず、時価純資産法による価値算定を行うにあたっては、資産および負債を時価で評価することから始める。資産サイドでは、売上債権（売掛金、受取手形）については、不渡り、回収困難な債権があれば、その金額を差し引く。また、棚卸資産については、在庫減

図表8-6◆時価純資産法の考え方（1）

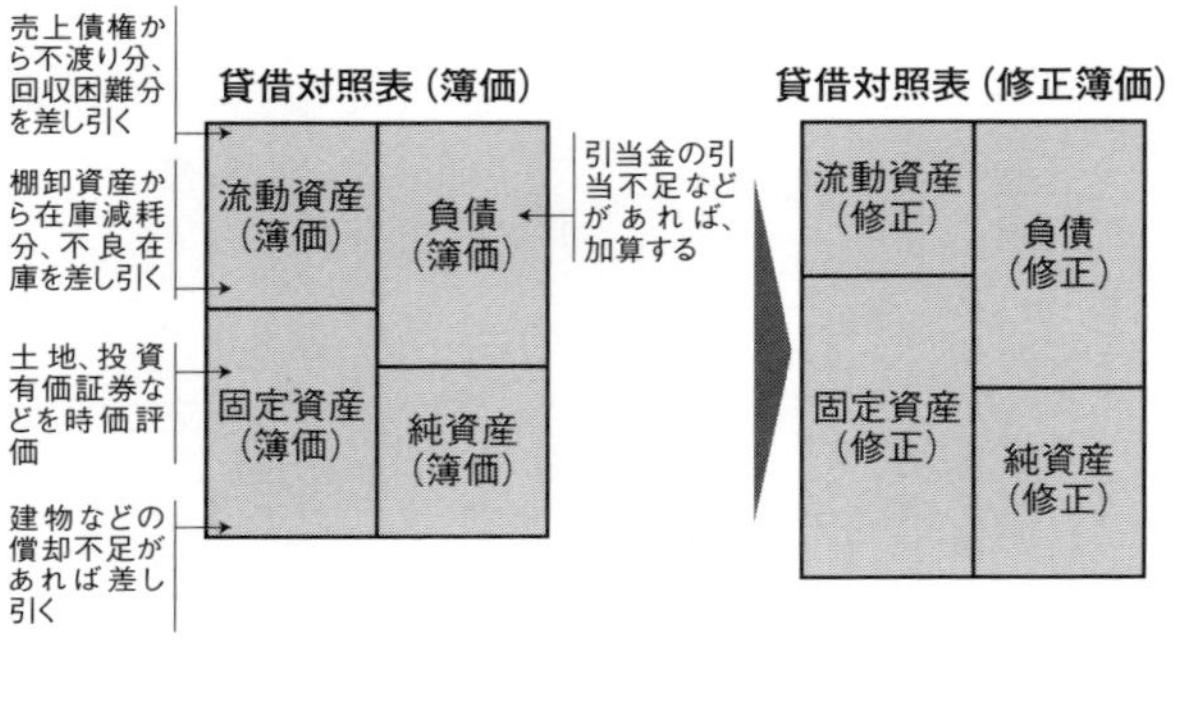

（出所）筆者作成

図表8-7◆時価純資産法の考え方（2）

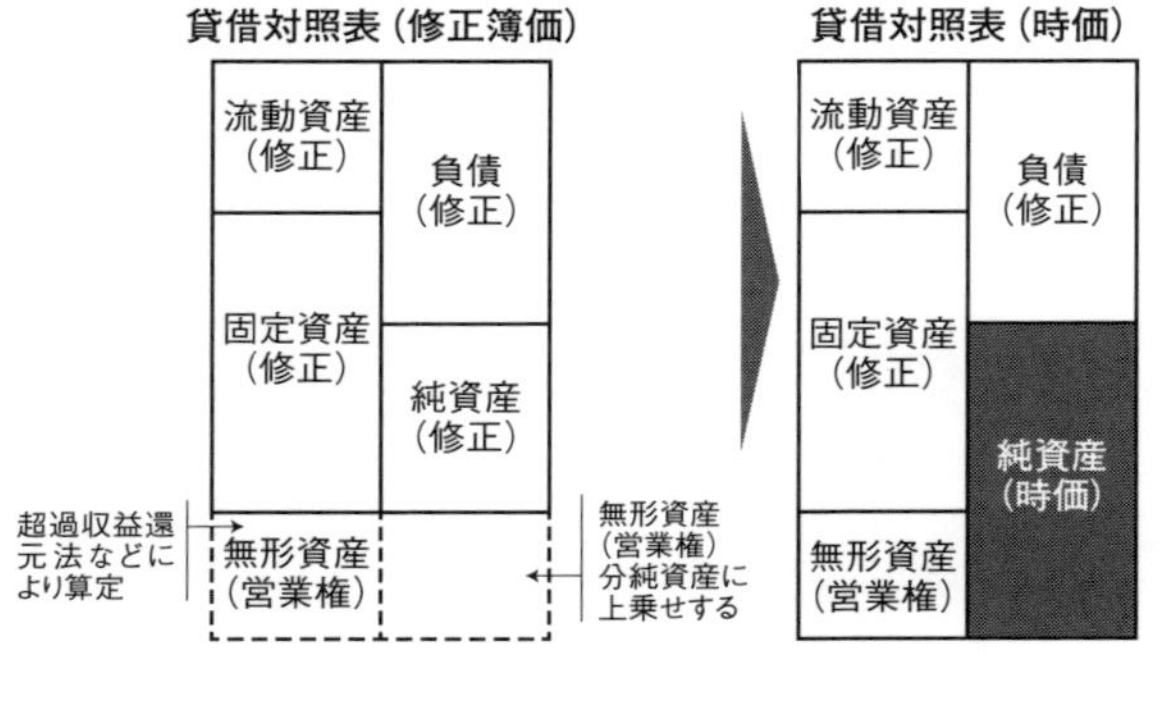

（出所）筆者作成

耗分および不良在庫の金額を差し引くことが必要である。土地については、不動産鑑定価格や公示地価等で時価評価し、投資有価証券についても時価で評価を行っておく。また、建物等の償却資産については、償却不足がある場合にはその分を差し引く必要がある。負債サイドでは、引当金などで引当不足がある場合、その分を負債に計上する。こうして修正した資産から負債を差し引いたものが、修正簿価ベースの純資産となる（以上、**図表8－6**）。このようにして計算した修正簿価ベースの純資産をM＆A時の株式の価値とすることもあるが、ここでは企業が持つ無形の資産の価値が簿外となっている。そこで、その手法の詳細については本書では割愛するが、超過収益還元法などを用いて無形資産（営業権）の価値を算定し、その分を純資産に上乗せして、これをM＆A時の株式の価値とする手法が採られる（**図表8－7**）。

●売り手の希望価格はどれくらい？

ところで、売り手となる企業は、自社の簿価の何倍程度を売却価格として希望しているのだろうか。**図表8－8**は、親族内後継者が不在、または後継者を定めていないと推測される中小企業282社の譲渡希望金額に関するアンケート調査のデータをまとめたものである。これによれば、譲渡金額の希望でもっとも割合が大きいのは、「純資産額の2～4倍」の27・3％、ついで「純資産額の5倍以上」17・0％、「純資産額と同程度」13・5％となっている。半数以上の企業が、純資産金額以上での譲渡を希望している状況であることが分かる。買い手企業のM＆Aによって見込まれるシナジー効果も織り込んだ買収可能価格と、売り手企業の希望金額が折り合うかどうかが、価格面で合意するためのカギとなる。

図表8-8◆M&A時の譲渡の希望金額

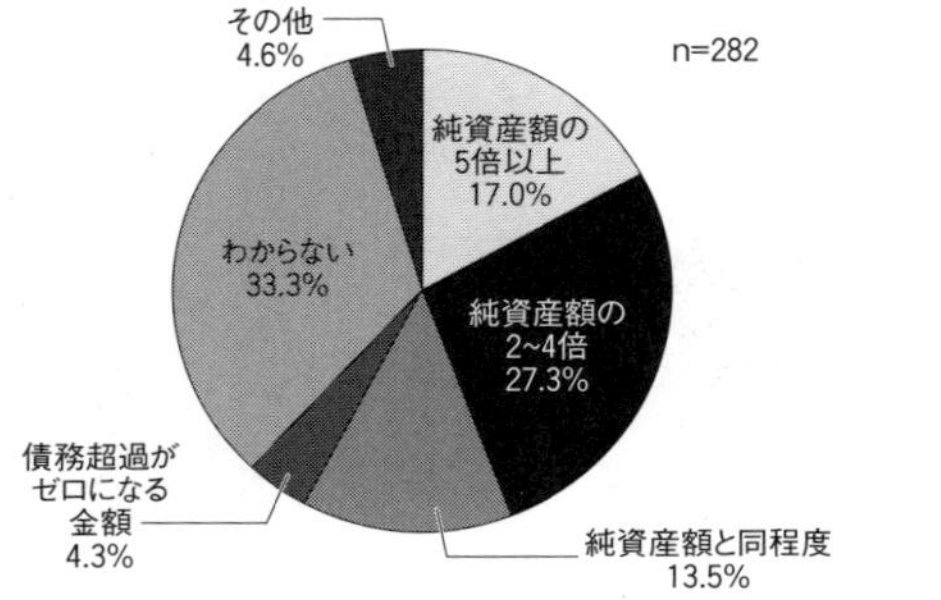

（出所）中小基盤整備機構「事業承継に係る親族外承継に関する研究」(2008年3月)

8-7 企業再生とM&A

近年になって、FBの持つ弱みを企業間連携によって克服し、企業として再生しようとする試みも行われるようになってきた。ここでは、その代表例であるジャパン・フード＆リカー・アライアンス株式会社（以下、JFLA）の取り組みについて検討してみることにしよう。

ケース JFLA[12]

JFLAは、経営難に陥った老舗の酒造メーカーなどを次々とメンバーとしてグループに迎え入れ、それらの企業を再生することで連合体を作ってきた企業（東証二部上場）で

12　本章における事例としてJFLAを取り上げるにあたり、JFLA株式会社常勤監査役佐々木一毅氏および同管理本部広報・IR部部長馬場康尚氏にインタビュー調査へのご協力をいただいた。

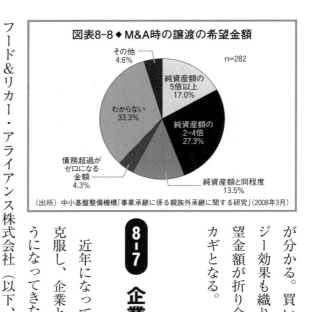

ある。JFLAの母体となっているのは、ソニーの創業者である盛田昭夫氏の生家として知られる愛知県の醸造会社である盛田株式会社と、香川県の醤油などの製造会社であったマルキン忠勇である。JFLAは、当時大証二部上場企業であったマルキン忠勇が、2001年6月に盛田を主要株主として迎え、子会社となったことに端を発する。2006年2月にはマルキン忠勇をJFLAへ商号変更し、その後に事業再編を経て、2014年8月現在、JFLAは10社の連結子会社（メンバー企業）を持つ純粋持株会社となっている。その事業分野は、醤油や日本酒などの日本の伝統的な発酵食品・酒類や、加工調味料、輸入食品・酒類、飲料、健康食品など幅広いジャンルにわたっている。

JFLAのメンバー企業となっているのは、日本の地元に根ざした酒造会社等である。例えば、メンバー企業の1つに岐阜県高山市の老田《おいた》酒造店がある[13]。老田酒造店の創業は1720年代（享保年間）で、創業から300年近くを数える老舗の酒蔵である。主要ブランドは「飛騨自慢　鬼ころし」であり、これは全国に数ある辛口酒のブランド「鬼ころし」の元祖としても知られている。日本酒製造に対するマーケットの状況は厳しく、全国での消費量はピークの1980年代の半分以下となっており、老田酒造店の2006年9月期の売上高は最盛期の1987年の約4分の1にまで落ち込んでいた。また、1991年に隣町に建てた新工場への投資が経営を圧迫してもいた。苦境に陥った老田酒造店は、2007年10月、醸造事業と資産をJFLA傘下の新会社に譲渡し、新生老田酒造店として再出発したのである。新たな老田酒造店の社長には、佐々木一毅氏（当時JFLA専務、現

13　老田酒造店に関する記述の一部は、日経ビジネス2008年4月21日号44-47ページに基づいている。

常勤監査役）が就任、老田家長男の老田英夫氏は営業本部長となった。また、英夫氏の妻は新会社の取締役として、店先での接客にあたった。地域に根づいたブランドとパイプというFBの強みを活かすために、JFLAは創業家およびFBの看板を大切にしている。

一方、こうした企業の経営改革にあたっては、原価管理、生産の効率化は欠かせない。JFLAでは、老舗の企業再生にあたって、どんぶり勘定を改めるとともに、生産設備の合理化を徹底して行っている。さらに、グループ会社間でも設備の移動を行うなど、グループ全体としての生産体制の最適化を行っている。こうした効率化は、酒類や食品などの業種の壁も越えて行われているという。先にも登場したJFLAの佐々木一毅氏は、「売上が大きく落ち込んでも営業マンの人数や製造設備がそのまま、というのでは絶対に利益は出ない。現在のマーケットの状況にふさわしい体制を作らなければいけない」と語っている。また、営業の声を生産に活かすというのも重要な施策の1つである。現在、JFLAのメンバー企業の酒造会社の多くでは、創業家の出身者が杜氏や営業を担当し、市場の声を製品作りに活かしている。

JFLAのネットワークは販売面にも活かされている。通常、老舗の酒造店は地域とのつながりは強く、地元での販売には強みを発揮するが、全国レベルでは知名度の問題などから、販路を拡大することが難しい。これに対してJFLAでは、料亭や地酒に強い小売店に対してメンバー企業の日本酒を紹介することで、拡販を図っている。

このような取り組みは、地域に根ざした老舗としての強みを残しつつ、FBの弱点である規模の小ささ、経営ノウハウの不足、全国的な販売ネットワーク構築の難しさといった点を克服しようとする試みとして注目に値する。M＆Aを通じて全国のFBがネットワークを構築することで、FBの競争力をより一層高めることができる可能性の存在を示す事例と言えるだろう。

8-8 「M＆Aのワナ」にはまらないために

これまでのケースから、M＆AはFBの「終活」としても、「成長戦略」の実現に対しても、有力な手段のひとつであることがお分かりいただけるだろう。「乗っ取り」としてでも食わず嫌いをするのではなく、自社の戦略を実現する選択肢のひとつとしてM＆Aを捉えることが重要である。しかしながら、一方で単純に「M＆Aをすれば売上や利益を伸ばせるはず」という思い込みも大変危険である。自社の戦略を見据えた上で、それと整合する形でのM＆Aを検討すべきだ。その上で、どのようにしてM＆Aの成果（シナジー効果）を生み出していくのか、そのために必要な施策に対して真剣に取り組むことが、M＆Aを成功させるためには重要なのである。

第9章

コーポレート・ガバナンスの構築方法

「企業風土を変える。
トップが間違ったときに軌道修正できる組織を作る」

9-1 コーポレート・ガバナンスは企業風土の問題と捉える

●実践的なコーポレート・ガバナンスを考える

日本においてＦＢがしばしば〝同族経営〟と呼ばれ、それにはややマイナスの意味合いが込められるのは、このコーポレート・ガバナンスにおいての問題からくるのであろう。ＦＢはオーナー一族が多くの株式を独占し、特にオーナー社長がマネジメントを支配している場合に、トップが暴走すると、これを止める仕組みはない。私利私欲や公私混同を起こすと、いわゆる「企業も自分の財布」という間違った認識が企業を崩壊にまで導いてしまう。こうした事例は、上場企業であってもしばしば目にすることができ、最近では大王製紙の元会長が子会社から引き出した資金をカジノで使い込んでしまうという事件が記憶に新しい。

こうした世間からＦＢに向けられた視線の厳しさから、コーポレート・ガバナンスは不祥事対策や経営の透明性をどう高めるかについて過度に偏りがちなところがある。

しかし、社外取締役制度を導入している上場企業においても、社長のゴルフ友達が社外取締役に就いているケースも散見されるように、コーポレート・ガバナンスを狭く捉えてしまうと形式的、教科書的な話が多くなり、ＦＢのコーポレート・ガバナンスを論じるにはいささか窮屈だし、実践を期待されて本章を読まれている読者諸兄の期待に応えられない。

大王製紙事件から学ぶコーポレート・ガバナンスの本質[1]

ところで、大王製紙事件に対しては、100億円を超える高額な資金をカジノで失ってしまうという異常なケースに目を奪われ、オーナーであった元会長の個人的暴走事件という単純な図式で済ませてしまう向きが多い。もちろん、結果的には元会長が支配的な地位を背任し、資金を子会社から引き出し費消してしまったことが事件の本筋ではある。しかし、大王製紙には社外監査役がおり、コンプライアンス委員会が存在し、内部通報制度も完備されていた。つまり、企業の透明性を高める努力や、経営に対してのけん制機能を働かせる仕組みは整えていたのである。だが現実には、社外監査役には情報が届かず、コンプライアンス委員会は機能しなかった。内部通報制度は事件を起こしたトップに通報がいくことになっており、トップの暴走を本人に報告する社員がいるわけがない。

大王製紙は元会長父子を中心とするファミリー企業である。この事件を個人の責にすべて帰するのではなく、なぜそうした組織的なガバナンスの仕組みが機能しなかったのか、そこを考えることで、この事件の教訓を得るべきでないだろうか。事件の調査報告書は、この点についてグループ企業の人事権を持っている元会長父子の強固な支配力、トップの指示に従うのは当然といった企業風土そのものが事件の背景であると厳しく指摘している。

1 大王製紙事件に関しては、大王製紙株式会社元会長への貸付金問題に関する特別調査委員会「調査報告書」（2011年10月27日）を参考に記述している。

大王製紙には顧客や取引先、銀行や従業員を省みない風土があったために、トップの指示だけに盲目的に従っていれば安泰であるという考え方が組織に根づいていたところに、この不祥事の本質が見える。では、なぜそうした企業風土ができあがったのだろうか。その問いかけが本章で主張したいコーポレート・ガバナンスの核心であり、前出のＦＢにおけるコーポレート・ガバナンスを実践的に捉えるヒントがあると考えている。

9-2 トップは間違うこともある

東京証券取引所が刊行しているコーポレート・ガバナンス白書[2]を見ると、コーポレート・ガバナンスとは何かという問いに、過半数以上の経営者が「企業価値向上の施策である」と答えている。企業価値向上の施策とは具体的に何かと言えば、それは企業を取り巻くステークホルダーとの関係をいかに作っていくかということである。ステークホルダー、つまり顧客や取引先、銀行、従業員といった企業の関係者からの信頼、尊敬をいかに獲得するか。その信頼や尊敬こそが企業の日々の業務そのものに大きく反映されることは言うまでもなく、もしその企業が危機に陥った際に、それを乗り越えるためには、ステークホルダーからの信頼や尊敬なくしてはあり得ない。

このコーポレート・ガバナンスの考え方はＦＢにもあてはまるのではないだろうか。

2　東京証券取引所『東証上場企業コーポレート・ガバナンス白書2013』2013年10月２日。

なぜなら、ＦＢにとっての最優先課題は企業の永続性にあるためである。前章まで述べてきたとおり、ＦＢ経営者にとって、いかに企業を永続的に繁栄させるかということがもっとも大切な目標であり、ＦＢの様々な企業の特質や仕組みはこれに集約されている。

大王製紙の事例に学ぶべきは、経営者たる者は襟を正してまっとうに働くことが大事ということではなく、トップの暴走にブレーキをかける、いやそもそも〝トップは間違うこともある〟ということを前提に、それを軌道修正していく組織的な風土や経営の思想を取り込むことができるか、ということを考えることにある。ＦＢのコーポレート・ガバナンスとは、株式の多数を持つものが経営にあたるというＦＢそのものの特質が持つコインの裏表、という理解が必要である。つまり、トップが間違ったときに、きちんとステークホルダーと向き合って軌道修正できる組織をいかに作るか。ステークホルダーという存在を、日々嫌でも経営者が意識する仕組みをいかに作るか。それがＦＢを独善に導かないコーポレート・ガバナンスの基本的な捉え方と考えるべきだろう。

9-3 永続性を担保する〝せめぎあい〟

●意思決定は自分に跳ね返る

ＦＢの経営者から創業のころの話を聞くと、目を細めながら自分の母親や妻が社員分も含めて食事を作り、社員と一緒に同じ釜の飯を食べながら会社を立ち上げた話をされることが多い。寝食をともにして会社を大きくしてきた苦労は、それを乗り越えてきた者だけが共有できる思いや信念につながっている。こうした創業以来の強い思いを共有しているところにＦＢの強みがある。

一方で、そうした苦節の時代を乗り越えた仲間には、当然に肉親に似た情が生まれ、それがプラスにもマイナスにも働く。特に企業が成長してきて一定の規模になった場合、苦労をともにした肉親だから（または肉親同然と思う気持ちから）という理由で厚遇、登用すればステークホルダーからの理解は得られない。そこには経営者としての節度が要求される。

ＦＢ経営がサラリーマン経営と大きく異なるのは、経営者が長く責任ある立場に留まることにある。ＦＢ経営の利点である、判断が難しくとも先送りせず意思決定をすること、長期的な目線で投資を行っていくこと、スピーディーに意思決定ができること、は長期政権となるがゆえに「意思決定が自分に跳ね返ってくる」という逃げ場のない状況から生まれる。

その反面、創業者に正面から苦言を呈する人物がいなかったり、経営者の立場にしがみついて、いわゆる老害になるまでトップの座に居続けると、オーナー経営であるＦＢは、その不利な点を現し始め経営はおかしくなる。

図表9-1◆FBにおける「主観」と「客観」

	FBにおける「主観」	FBにおける「客観」
意思決定の軸	苦難を乗り越えてきた勝ちパターン、およびそれがもたらす自信、自負	事業環境変化からの論理的分析、世の中一般から見た常識、フェアな判断
事業推進	この事業を何が何でも成功させるとの強い思い	事業経済性から見た事業の強みと弱み、市場競争力
部下への思い	昔から苦難をともにした仲間への思い	人材の持つ適正な能力評価
ガバナンス構造	持株比率、取締役会構成における支配力	アドバイザー、社外取締役などの第三者
行動様式	果断な実行力	冷静沈着な現状分析

（出所）筆者作成

●「主観」と「客観」のせめぎあい

このようにＦＢにおいては、常に「主観」と「客観」のせめぎあいが起こっている。

「主観」とは、ＦＢ経営者が創業から苦労して生き残ってきた自負そのものであり、その自負から来る考え方や行動様式を指す。客観とは、ＦＢ経営を論理的に見たり、世間一般の常識やフェアな感覚を通した経営に対する冷静な視点を指す。

経営者個人の中でもせめぎあいは存在するし、組織の中にもせめぎあいは存在する。会社の成長ステージと経営者の性格に合わせて、このせめぎあいをどのように調整するかがコーポレート・ガバナンスのカギとなると考える。なぜなら、主観こそが経営者個人の中のこだわり、つまり自らがこの会社の最終意思決定者であり、自分の意思決定のいかんによって会社の浮沈が決まるという強烈な覚悟と強い思いが、FBの成長の源になっているからである。

一方で経営者も人間であるから、一族への肉親の情もあり、また意思決定が百発百中で良い結果となるわけではなく、またこだわりがあるからこそ不採算事業を長く引きずってしまう可能性もあり、そこは常に第三者的な目線を失わずに冷静沈着で科学的な面での事業運営が要求される。これを「客観」と呼ぶことができる。どちらがどれだけ必要かということではなく、常に矛盾するこの2つの要素が互いにせめぎあいながら、経営者個人の中に、組織の中に存在する。この両極の〝綱引き〟が微妙なバランスで成り立つことが、ステークホルダーとの信頼関係を形作ることにつながるのである。

9-4 せめぎあいの具体例

●三和酒類の「社長」四人体制[3]

例えば、焼酎の「いいちこ」で知られ、乙類焼酎の最大手メーカーの三和酒類という大分県の会社がある。従業員数は現在300名超。創業は1958年（昭和33年）、地元の

3　三和酒造の経営体制については、日経ビジネス2006年3月6日号32-33ページを参考に記述している。

三軒の日本酒蔵元が瓶詰めのために設立したのが始まりで、後の1軒を加えて4つのファミリーが経営に携わる形態となった。

この創業の4軒が今も株式を25%ずつ持ち合い、それぞれのファミリーから代表取締役を出している。対外的理由で肩書きを分けているが、実質社長が四人体制という状況である。経営に関する事柄はどのようなことも合議で行うという。

客観的に見れば社長が四人もいれば、意思決定は遅くなるし、意見が割れればものごとが暗礁に乗り上げて進まなくなる可能性がある。しかし、三和酒類のこのユニークな集団統治の仕組みは「経営者も一人では間違うこともある。四人で意見を出し合うことでベストアイデアになる」という考え方からきており、その効能が四人による意思決定における非効率を上回ると考えているところにある。

主観も積み重なれば客観になるという仕組みで、一見すると遠回りで非効率に見える組織的仕組みが経営における客観性を確保していると考えることができる。実際、バブル景気の際にも株式や不動産投資には手を出さないという四人の取り決めが会社を守り、現在まで永続的に会社を成長させてきており、その集団統治の効能を雄弁に物語っていると言えるだろう。

●ふくやの顧問会議[4]

九州福岡に明太子で広く知られる「ふくや」がある。

4 ふくやの顧問会議については、日経ビジネス2006年3月6日号47ページを参考に記述している。

創業は1948年（昭和23年）、社員数は690名。社長は川原正孝氏で、創業者の2代目にあたるファミリー企業である。ふくやには毎月1回行われる「顧問会議」というものが存在する。その顧問会議は地元企業の社長や弁護士、公認会計士が様々な観点から経営へモノ申す役割を帯びているという。

この顧問会議に川原社長も出席するわけだが、歯に衣着せぬ意見が顧問から相次ぎ、川原社長も気の重くなるような会議となっているという。もちろん、顧問会議で指摘されたことをそのまま会社の施策とするわけではないだろう。しかし、川原社長の意思決定に対して、常に外部の冷静な視点から客観的な意見をぶつけられる場があるということは、やはり三和酒類と同様に、一人の人間の意思決定は間違えることがある、という背景からきているものと考えられる。また、その顧問会議を行うことが、そのままステークホルダーに対しての説明責任を果たすことになるところが見逃せない。

このようにFB社長を補佐する形で客観的な機能を持つ組織形態を採る例は最近増えてきている。次に、そのような組織形態を上手に経営に活かしている一社を紹介したい。

ケース　カワニシホールディングス[5]

株式会社カワニシホールディングス（以下、カワニシ）は岡山県に本社を置く医療機器卸を主事業とする上場企業である。創業は1967年（昭和42年）、持株会社であるカワ

5　本章における事例としてカワニシホールディングスを取り上げるにあたり、株式会社カワニシホールディングス代表取締役会長前島智征氏に調査へのご協力をいただいた。

ニシホールディングスとグループ企業7社からなる。2014年6月期の売上額は971億円、経常利益は約15億円、5年前と比較して売上で2倍弱、経常利益は3倍以上伸張している。

カワニシは、ホールディングスの代表取締役会長の前島智征氏のオーナー企業である。前島会長は京都大学哲学科卒業の理論派経営者であり、同時にカワニシを上場企業にまで育て上げた中興の祖でもある。

カワニシのガバナンスの仕組みは、取締役会、経営企画会議、そして執行役員の三層からなる。執行役員は実務の責任を担う業務推進が役割である。同社の特徴は、取締役会の構成と経営企画会議との役割分担にある。

取締役会は、オーナー会長の前島氏も出席するが、議長は代表取締役社長が務める。同社の取締役会には複数の社外取締役と顧問も出席する。これら社外取締役や顧問は、カワニシの業種とは関係のない銀行の元役員やエコノミストなどで構成されている。こうした外部の取締役や顧問は、主要取締役が出席する会議で、第三者的な観点からカワニシの経営に対して厳しい意見や苦言を呈するという。もちろん、前島会長にも厳しい意見が投げかけられる。上場企業に社外取締役就任を義務づける法案が現在審議中だが、カワニシは早くから外部の目の効用を見抜いて採用している。

取締役会にこうした外部の目を入れている理由を、前島会長は次のように述べている。

図表9-2◆カワニシが発行する『知遊』

内容紹介

カワニシグループが支援する特定非営利活動法人日医文化総研から、年2回（毎年1月と7月）刊行される文化情報誌。医療産業を「文化」や「製造」という視点を通じてより身近なものとして認識してもらい、生活に息づく健康・医療文化を確認してもらうことを趣旨としています。編集にあたっては、京都大学名誉教授の今福道夫氏、俳優の仲代達矢氏を編集委員としてお迎えしお力添えをいただいています。

（出所）カワニシウェブサイト

「実務から成長した人はどうしても視野が狭くなってしまう。例えば、医療機器卸の業界はこれまで国内での競争が主戦場だったが、今後は海外の市場で風が吹き始める。海外市場は国内とは次元の違った市場。そうした際に人脈やノウハウなどを提供してくれるのは社外の人である」

一方、経営企画会議はオーナー会長の前島氏がリードする会議である。会長、社長に加え、上級執行役員が出席する。経営企画会議は週に1、2回の頻度で開催され、幅広く同社の経営戦略とリスク管理を論ずるという。経営企画会議はオーナー会長が議長を務めるが、商法上は決定権限のない会議体ということになるため、主要な課題は当然取締役会での決裁を仰がなければならない。ここに同社のコーポレート・ガバナンスの工夫を見ることができる。オーナーが間違ったとしても、それを物理的に止める仕組みが組織内に用意されているのである。

カワニシのもう1つの特徴が定期的に『知遊』という刊行物を出していることだ。『知遊』では医療業界のことも触れられているが、記事内容の多くは経済的な批評であったり、文化的な読み物で構成されており、幅広く、著名なエコノミストや評論家が記事を寄せている。例えば、俳優の仲代達矢氏が編集委員を勤めるなど、本格的な内容である。

卸事業と言えば、一般的には労働集約的な色彩の強い業界であるが、そこであえてこのようなメセナ的活動をし続ける狙いに対して、前島会長は以下のとおり語っている。

「企業経営には思想がなくてはならない。業績も大切ではあるが、業績一辺倒になってはいけない。業績だけなら働き者がトップをやれば済むだけのことだ。トップは業績だけに縛られず、文化的なもの、世のため人のためになることを心がけなくてはならない。『知遊』は業績面からだけ見ると余計なものに見えるかもしれないが、企業の成長を促し、長期的なブランド力を作っていくものだと考えている。さらにそれがステークホルダーからの信頼を得ることにつながる。例えば、新入社員がわが社に入社しようか迷った際に、周りからこの会社なら大丈夫と言ってもらえるだろうか。また、わが社が他社とアライアンスを行う際に、この会社となら信頼関係を作っていける、と思ってもらえるだろうか。『知遊』を発行することで、ステークホルダーからこうした刊行物を大切にする会社なら、と思想面を評価してくれるようになるとうれしい」

9-5 カワニシのケースからの示唆

カワニシで機能している社外取締役や経営企画会議は、まさに客観を体現する組織を構築している。医療業界は今激しい変化の真っ只中にある。国家財政における医療費の問題、病院経営の厳しさ、それに伴って医療機器卸の業界でも再編が進んでいる。その中で日々刻々の意思決定が企業の盛衰を決めてしまう。前島会長の強力なリーダーシップ（つまり主観）がカワニシの成長を支えているのは間違いないだろう。それだけの成功を収めている前島会長が、客観性を担保する組織を作り、機能させていることは瞠目すべきことと言える。自らの主観だけに頼る経営では、企業の成長はないという危機感の表れが見て取れる。ここに、カワニシの主観と客観のせめぎあいを見ることができる。この点について前島会長は次のとおり述べている。

「経営者にはリーダーシップが必要だが、リーダーとは社員やステークホルダーから与えられる、と考えることが大切。オーナー経営者がリーダーシップを天から与えられたものと勘違いすると会社がおかしくなる。トップは時に厳しいことを言わなければならないが、それに対して周りがどう感じているか、どう思っているかということを常に注意しなければならない」

また、『知遊』の存在もまた示唆に富んでいる。『知遊』は経営思想そのものと前島会長は述べている。『知遊』を発刊することは、単純に業績を追い求める経営とは二律背反となる。しかし、業績を追い求めることだけが経営者の仕事ではない、「世のため人のため」という面がブランドを作る、という前島会長の考え方は読者諸兄も腹に落ちるところだろう。業績を主観とするならば、文化、「世のため人のため」は客観と見ることができる。このように、経営の様々な場所であえて相反する主観と客観を作ることが、ステークホルダーの信頼を得ることにつながる。これがＦＢにおけるコーポレート・ガバナンスであると言えるのではないか。

9-6 主観と客観を作り出す

●物理的な仕組みを作る

ＦＢはオーナー一族が株式の多数を所有し、かつ経営面の権限を強く持つことが特徴である。ここで、どのようにステークホルダーと向き合い、彼らの信頼を得ていくのか。そのために、オーナー経営者の持つ強烈な経営的権限と果断な行動力（＝主観）に対して、同等に機能する冷静な、論理的な視点（＝客観）を並び立たせられるか。三和酒類の集団統治の仕組み、ふくやの顧問会議、カワニシの組織体制や刊行物、こうした事例を注意深く見ていると、組織の中に物理的な仕組みを人為的に作り出していることが分かる。

これは端的に言えば、物理的でない仕組みで客観性を確保しようとすると、経営者の倫理観であったり、品格といったものに依拠せざる得なくなり、それは経営者個人の人間性、言ってみれば「わたしを信じてほしい」ということと同じになってしまうからであろう。もちろん、それが基盤となるべきことなのだが、人間の欲望には切りがないため、物理的な仕組みでそれを抑える、という分かりやすい構図が必要なのである。

●「客観」を重視するという経営思想

しかし、いかなる物理的な仕組みを作ろうとも、株式を保有し、取締役会の過半を握っているオーナー経営者が、ステークホルダーと相対して自分の立ち位置を意識しなければ意味がない。冒頭の大王製紙の例がそれをよく示唆している。大王製紙の社外監査役には弁護士などの外部の専門家が就いていたという。元会長の主観に対して、強力な客観を組織的な仕組みとして作っていた。しかし、調査報告書によると、その社外監査役には十分な情報が伝わらなかったという。つまり、トップだけではなく組織全体が、社外監査役を「客観」としての仕組みと認識していなかった、ということになる。

ふくやの顧問会議も、カワニシの経営企画会議も、法的な位置づけはぜい弱である。法的な権限はないに等しい。取締役会の決定に異論をはさむことができても、それを覆す権限はない。つまり、その組織を生かすも殺すもオーナー経営者自身次第なのである。見たり聞いたりしたくないこと、言われたら傷つくことは、誰でもできれば避けたい。そこをあえて客観的に言ってもらう物理的な仕組みを作るということに、経営者の思想を見ることができる。そして、そこにステークホルダーは信頼を置くのである。

9-7 所有と経営の分離

FBのコーポレート・ガバナンスを論じる際に、外せないもう1つの話題がある。それは所有と経営をいかに考えていくかという点にある。所有というのは資本のことを指しており、株式を持つ株主が、経営的な知識に優れた者に経営を任せて、その監視役にまわることを「所有と経営の分離」と呼ぶ。分離することで、それぞれの役割をはっきりさせ、相互に機能させることを通じて、ガバナンスを効かせようという発想である。

一般の株式会社では、株主から委託された取締役が経営を行い、株主がその監視にまわることで、「所有と経営の分離」が成り立つ。上場していないFBは、所有と経営は一致している、つまり分離されていないと解釈されることが多い。すなわち、株主であるオーナー経営者が、経営も差配する形態を意味し、大企業における所有と経営の分離された状態と比較して、前近代的な仕組みと解釈される場合が多いように見受けられる。

確かにそういう視点で見れば、ＦＢは所有と経営の未分離と定義することになってしまうが、実務的にはより複雑であり、遅れているかどうかという一元論で語られることではない。

図表9-3◆持株会社における「所有と経営分離」

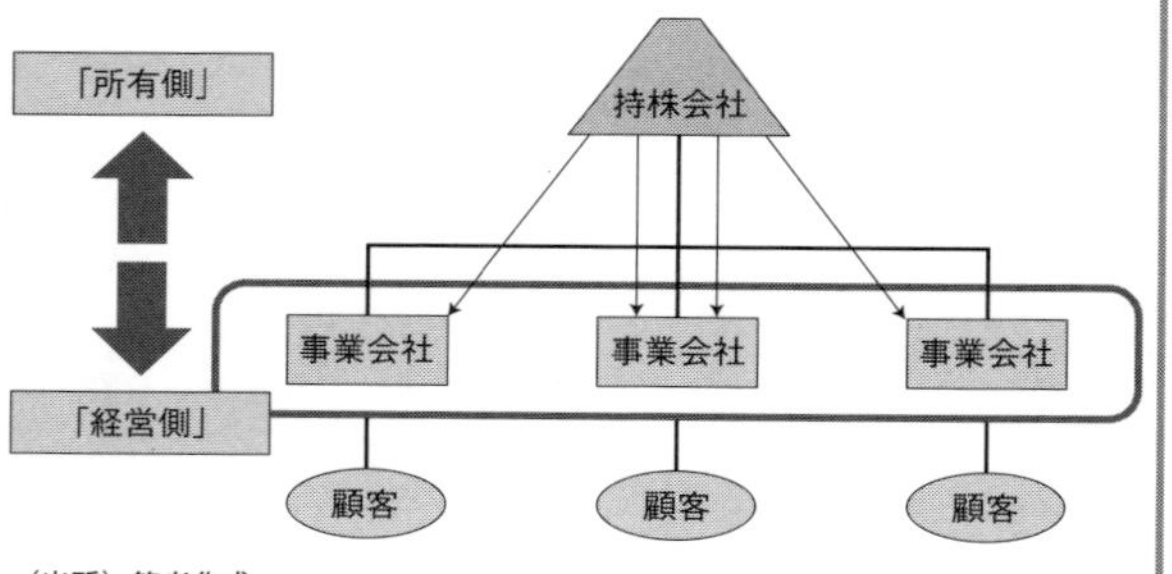

（出所）筆者作成

例えば、持株会社と事業会社を分離する企業の場合はどうだろうか。持株会社が単に資産管理のためだけの会社であれば、それは相続のための会社であるから、今から論じようとしていることとはかけ離れてしまう。しかし、いくつかの事業分野を手がけるＦＢが、純粋持株会社を作って傘下に複数の事業会社を持つことがあり、持株会社が実態を持って運営されるケースを想定してみよう。この場合の持株会社は、事業会社から見れば株主ということになるので、持株会社が所有側、事業会社が経営側という形になる。

筆者は、ＦＢにおける持株会社制がガバナンス面でも、組織的な面でも利点が多いと考えているため、これまでも自身のコンサルティングの現場で様々な持株会社を設計してきた。ＦＢにおける所有と経営の分離、持株会社と事業会社のあり方は、これからもっと研究されるべき分野であると考えている。

9-8 持株会社制の利点

持株会社は、その名のとおり株式保有を主たる目的にする会社である。収入は保有する株式からの配当金となる。また資産保有を行って、その資産を事業会社に賃貸することで収入を上げる場合もある。いずれにしろ、グループで合算する場合には、相互取引が相殺されるため、グループ全体での連結損益には影響はない。

ＦＢにおける持株会社制の第一の利点は、グループを統括する求心力を持株会社に持たせることができる点である。ＦＢは創業者の旺盛な事業欲から、様々な本業周辺分野で事業を展開しているケースが多い。そうした事業を歴史的に分社してグループ企業として保有していることもあるだろう。また、同様に、同業者から救済買収で引き取った事業や、買い取った事業があるかもしれない。こうした様々な事業を持株会社の下にぶら下げることができる。それぞれの事業会社は小さくとも法人格を持つので、独自のマネジメント、業績評価、人事評価が可能である。つまり、その事業分野に適したマネジメントの仕組みを自在に取り入れることができるのである。

一方で、グループ全体での事業シナジー（相乗効果）を上げるために、持株会社主導で事業会社からノウハウや人材を集約して、資金を投入して新しい事業分野に進出することができる。特に、持株会社に創業社長やオーナー一族の社長が就けば、上記の持株会社制の利点はさらに生きるであろう。通常の事業の意思決定はそれぞれの事業会社に任せ、持株会社は株主として象徴的な動きをすることになる。

第二の利点は、創業社長や中興の祖の引退時期に持株会社制を使うことができることである。事業会社を長く成長させてきた創業社長や中興の祖である方々は、銀行や債権者、取引先からの信頼が非常に厚い。そうした人材が、いきなり相談役などの閑職についてしまうと、ステークホルダーの不安は、事業会社の経営にマイナスの影響を与えてしまう。

また、例えば事業会社の会長職に留まってしまうと、新社長や社員が会長に依存したり、会長の方ばかり見て運営をすることになり、いつまでも引退できない。そこで、事業会社の上に持株会社を作り、事業会社のマネジメントは新社長に譲り、自身は持株会社のトップに就く手がある。この方式であれば、ステークホルダーの不安を最小限に留めて、スムーズな事業承継を行うことができる。

9-9 後継者の教育

持株会社制の第三の利点は後継者の育成にある。

後継者をどのように育てていくかは、いずれのFBにとっても頭を痛める共通の課題と言えよう。その際に持株会社を活用することができる。後継者をトレーニングしていくために、事業会社の一担当から現場を経験させていくことがFBのスタンダードな育成法だが、経営者と従業員ではやはり立場が違う。資金繰りの苦労であったり、社員を一致団結させて事業運営をさせていくことなどは、経営者としての修羅場をどれだけ経験したかで身につくところがある。しかし、現場を経験させたからと言っていきなりトップにつけても、十分な経験が足りない。

そういう際に持株会社制を活用することができる。現経営者は持株会社の運営に専念し、後継者を事業会社のトップに据える。複数の事業会社があれば、なお応用範囲は広がるだろう。１００％子会社とはいえ、マネジメントに失敗すれば倒産することもあり得る。そこでのマネジメント経験は、後継者を大きく育てることにつながるだろう。事業会社トップとして十分な経験を積んだあと、グループ全体の経営を任せていけばよい。

持株会社は事業会社の株式を保有しているため、事業会社の大きな意思決定（株主総会決議事項）は株主である持株会社の決定によらなければならない。したがって、事業会社で行われている事業運営をしっかり見て、ときどきの経営を指導していく。この距離感をうまく作れるところも持株会社制の良いところである。

9-10 雇われ社長との距離感

●オーナー経営者と雇われ社長の関係性

「雇われ社長」という言い方は適切な表現ではないのだが、いわゆるオーナー一族ではない人物に、事業会社のマネジメントを委嘱するケースがある。非FBでは、こういうケースは考えられないため、FB独特のケースであると言えよう。オーナー経営者と雇われ社長の関係も「所有と経営の分離」と言える。

オーナー経営者と雇われ社長の関係は、どうあるともっとも良いのだろうか。もちろん、双方に相手への信頼があり、その信頼をベースにマネジメントを任せる、というのが基本的な考え方である。しかし、そこで言う信頼とはどのようなものだろうか。マネジメントを任せるというのは、どういう状態まで任せればよいのだろうか。今後のFBにおいては、後継者が必ずしも親族に候補者がおらず、事業継続のために雇われ社長が就くケースが増えると思われる。そのため、この論点は極めて大切であると思われるが、定見ある考えはまだ見られない。

オーナー経営者と雇われ社長の関係について、筆者の体験的な意見で言うと、信頼感の醸成と任せ方にはいくつかの共通点が見出せる。

まず、関係が良好なオーナー経営者と雇われ社長は、バックグラウンドや人間性のタイプが似た人間同士ということが多い。オーナー経営者が理系出身で技術に詳しくこだわりを持っている場合には、雇われ社長もやはりそのタイプが多いし、論理的で実証的な経営者には、同様のタイプの雇われ社長が多い。これは、共通言語の多さやビジョン的な共有度が高いためだろう。

●役割分担とコミュニケーションが肝要

しかし、その場合でも大事なのはコミュニケーションである。うまくいっている両者を見ていると、この部分はオーナー経営者の領域、この部分は雇われ社長の領域というように、役割分担をこうしようと取り決めがなされていて、雇われ社長は分担外の領域には決して口を出していない。

さらに、両者が腹を割って話しができる関係を作っているかということも大事な点だ。経営である以上常に計算外のことが起こり得る。その際に、雇われ社長が見栄を張って腹を割らなかったり、オーナー経営者への報告を怠っているとうまくいかなくなるケースがある。特段の相談事がないときでも両者が話をできる環境をどう作るか。これはオーナー経営者側の責任である。「いつでも話があれば言ってこい」型のオーナーが多いが、ここは自分から下りて行って雇われ社長に「困ったことはないか」と声をかけなくてはならない。当然に立場の違いがあるからだ。

雇われ社長への任せ方についてうまくいっているところを見ると、人、カネ、モノの権限は一揃え権限委譲し、「任せたからには細かく口出ししない」というやり方が常道に見える。ただし、トップの人事権はオーナー経営者が握っているべきだろう。持株会社であれば、株主の立場なので当然に人事権はあるのだが、経営者を連れてくることができるのもオーナーであれば、辞めさせるのもオーナーだけである。人を切ることはつらいことだが、その点を先延ばしにすると思わぬ事態に発展するケースを筆者はいくつも見てきている。「所有と経営の分離」のもっとも難しい課題と言えるだろう。

第10章

FBが永続的に発展していくために

「FBの経営を変え、永続的な発展を実現する」

10-1 永続すること、変え続けること

多くのFB経営者とのディスカッションの中で、筆者らは「FBを経営するにあたってもっとも重視することとは?」という問いかけを続けてきた。そこでの多くの経営者の回答は、本書でも何度も取り上げてきた「永続・存続すること」であった。FB経営者にとって、自身のFBはいわば自らの「子ども」と言っても差し支えのないものである。もちろん、自身あるいは先代以前が守り抜いてきたFBを途絶えさせるわけにはいかないという責任感が、こうした回答を生み出していることも疑いのないところであろう。

筆者らが本書を通じて伝えたかったことは、「FBを永続させるためには何が必要か?」ということであった。FBも企業である以上、経営において求められることの多くは一般企業と同じである。その中のひとつは、FBも利益を安定的に生み出し、成長を実現することが必要であるということだ。利益を安定的に生み出すことができなければ、従業員を養っていくことはできないし、成長を実現していかなければ、いつしか企業内には停滞感が生まれるだろう。

FBの永続性に対する危機感を持つ経営者ほど、収益性、成長性に対する必要性を強く認識しているように思われる。こうした経営者が揃って強調していたのは、自分自身とその投影先であるFBが変わり続けなければ、利益を生み出し続け、従業員を守っていくこ

とはできないということであった。この真意は、近年劇的に加速する環境変化にＦＢも対応していかなければ生き残ることはできないということだけではない。筆者らがもう１つ感じているのは、ＦＢ経営者のモチベーションを保つためにも、変化が非常に重要であるということである。ＦＢ同士のＭ＆Ａを経験したある経営者は、筆者たちとのディスカッションの中で、「Ｍ＆Ａが事業戦略上非常に重要であったことは間違いないが、自分自身にとっての刺激になり、経営を活性化させるきっかけでもあった」と述べている。やや余談になるが、このような新たな取り組みを行っているＦＢ経営者は、たいてい実年齢より若く見える。新たな取り組みを通じて経営者自身が常に刺激を受け、若さを保っているからこそ、社内にも活気が生まれるということではないだろうか。ＦＢにも経営者にも「若さ」が必要なのである。ＦＢが永続するためには、ＦＢとその経営者が積極的に変わり続けなければならない、言い換えれば、ＦＢの栄枯盛衰は「変革」で決まる、ということを今一度確認しておきたい。

10-2 変えるために必要なことは何か？

ＦＢの経営を変えるために経営者に求められる要素は何だろうか。ここでは、多くのＦＢ経営者とディスカッションする中で筆者らが感じた、ＦＢを変えるために経営者に必要とされるポイントについて検討してみたい。

●熱い思いと目標設定

ＦＢ経営者とディスカッションをしていて気づくのが、多くの経営者が「自分の会社をこうしたい」という熱い思いを持っていることである。例えば、ＦＢを先代経営者である父親から承継したある経営者は、社長就任当時に「5年で売上高を3倍にしたい」と公言し、そのことがその後の様々な施策を実行する上での原動力となったと述懐している。本書で取り上げたケースでも、例えば本多プラスの第二創業を推し進めるきっかけとなったのは、本多孝充氏の「付加価値の高い製品を創りたい」という思いであった。これらの経営者の熱い思いは、必ずしも現状分析から出てきたものとは限らない。むしろ、経営者としての夢から発生するものだろう。第8章で取り上げた日本電産の永守重信氏は、「大ボラを吹き、夢を形にするのが経営者の仕事」だと述べている。[1] これでは、ＦＢの経営を変えることなど、ついつい「できない理由」を探してしまいがちになる。熱い思いがないと、到底見込めないだろう。熱い思いがあるからこそ、「ならば、どうすればできるのか」というポジティブな方向に思考を向けていくことができるようになるのである。

同時に、こうした熱い思いを具体的な目標に落とし込むことも重要だ。永守重信氏の例であれば、2030年に売上高10兆円を目標にしているし、ファーストリテイリングの柳井正氏は2020年に売上高5兆円という目標を掲げている。また、エイチ・アイ・エス

1　起業家倶楽部2012年８月号６－８ページ。

の澤田秀雄氏は30年後に売上高30兆円、利益1兆円という遠大な目標を立てている。こうした大きな目標が自分を奮い立たせ、次なる挑戦に駆り立てる原動力となるからである。

●冷静で緻密な分析、計算

そうした熱い思いに基づく目標（あるべき姿）と、現状を照らし合わせたときには、当然ながらその間に大きなギャップがあるはずである。そのギャップをいかに埋めていくのかが目標を達成する上で非常に重要になる（**図表10−1**）。ここでは、大きな目標を実現する上でどのような手段を取るべきなのか、それぞれの手段のメリット、デメリットは何で、どのようなリスクを負担することになるのか、そうしたリスクに対してどう対処していくのか、といった様々な点を考慮しながら、その道筋を考えていかなければならない。ここで重視すべきは、冷静で緻密な分析、計算である。目標を達成するためにはどのような経営資源が必要で、それをどのようにして調達するのか、1つひとつ考えていかなければならない。

図表10−1◆目標と現状のギャップ

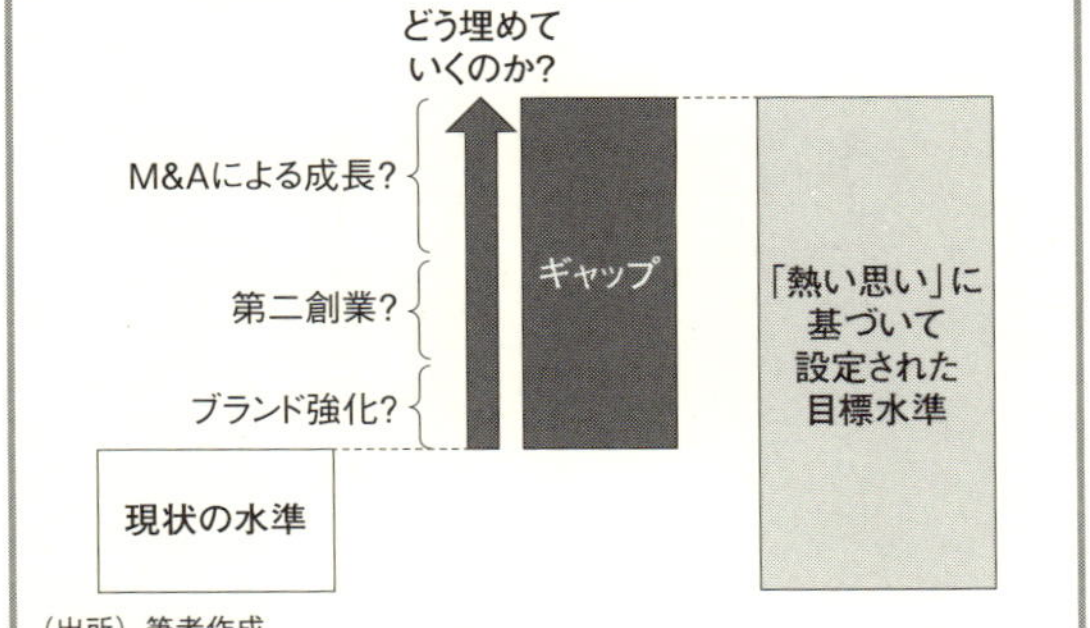

（出所）筆者作成

あるFBの経営者は、1つの事業、顧客に大きく依存している自社の状況を踏まえ、「このままでは将来危ない」

と考えていた。その経営者は、顧客基盤、事業領域を拡大する方法を様々考えた末、それぞれのメリット、デメリットを冷静に検討した上で、異業種の会社を買収することにした。結果として、その企業の顧客は多岐にわたるようになり、事業領域も大きく広がった。M&Aから数年が経ち、M&A前に主力だった事業は大きな環境変化にさらされ、売上高が激減するという憂き目を見たが、その企業は今も健全な経営状態を保っている。単一事業、単一顧客に頼り過ぎることの危険性を予め認識し、それを冷静・緻密な計算の基に克服してきたからである。

「ハートは熱く、頭はクールに」という言葉があるが、これはFBの経営を変える上でも重要なキーワードなのである。

●決断し、やり抜くこと

そして、FBの経営者はどこかの時点で大きな意思決定を行わなければならない。100%成功できるという確信がなくても、リスクが負担できる範囲内であると考えれば、思い切って決断することが重要である。そして、一度決断したら、それを徹底的にやり抜く姿勢が大事になる。必要だと思うことをブレずにやり続けることで、経営者の本気が社員にも伝わり、効果が上がり始めるのである。あるFB経営者はこの点に関して、FBの経営を変える行程は、登山にも似ていると指摘している。山道を少しずつたどって地道に登り続けることで、はじめていつか頂上という高みに到達することができるのである。ただし、どこかで「これはダメだ」と思ったら、直ちに退くべきだ、という点も登山に共通している。負担しているリスクが大きくなり過ぎたと感じたら、潔く撤退することも重要だ。こうしたリスクに対する感性を磨くためにも、常に身を（負担できる範囲内で）リスクにさらしておくことが大切なのである。

●意思を伝えるということ

以上、FBを変える上で経営者に求められることとして、「熱い思いと目標設定」「冷静で緻密な計算、分析」「決断し、やり抜くこと」の3つを取り上げて検討してきた。これらの3つのポイントを通じて共通して大切なことは、これらのことを社内に対して如何にして伝えていくかという視点である。FBは企業であり、企業は人の集まりである。その中で、経営者がどのような夢を描き、その夢をどのようにして実現しようとしているのか、それらを共有するからこそ組織としての一体感が生まれる。これをないがしろにしていては、FBの経営を変えることはできないであろう。ただし、社員に対して経営者が考えていることをすべて話せばよいというわけではない。経営者が感じている不安などをすべて社員に対して明らかにしてしまうと、その不安が社員に伝染してしまい、かえって良くない効果をもたらすこともあるだろう。FBは企業でありながら、家族的な側面を持っていることも考えると、FBの経営者は適度な距離感を保ちながら社員とコミュニケーションを取っていく必要があると言えるだろう。

10-3 FBを成功させるために、何をどう変えるべきなのか？

本書では、「成功しているFBでは何をどう変えているのか？」という点を様々なトピックに沿って検討してきた。ここで当然想定される問いかけは、「では、自社が成功するためには、何をどう変えるべきなのか？」というものであろう。これに対して何か唯一無二の回答があるわけではない。それぞれの企業が置かれている状況によって、何をどう変えるべきなのかという問いに対する答えは異なってくるだろう。また、同じ目的を達成するための道筋も決して1つではない。これは、経営者の個性によって違ってくる部分ももちろんあるだろう。

ここで重要なのは、自社の抱える課題は何なのか、目指すべき方向はどこなのかを自問自答し、考え抜くことである。ここでいかに考え抜いたかが、10-2で述べたような「思い」「目標」「分析、計算」の質を大きく左右することとなる。その上で、今自社で変えるべきポイントは何なのか、絞り込んでいく必要がある。自ら目指すべき姿に対して、今社内に存在しているものは何で、何が足らず、何を変化させなければならないのかを検討することとなる。本書では、こうしたことを考えるポイントの代表的なものとして、企業理念、後継者育成、第二創業、組織・人材、ブランド、M&A、コーポレート・ガバナンスといったテーマを取り上げて、成功企業ではこれらをどう変えているのか、その際の考え方はどのようなものかという点について検討してきた。

ただし、これらのテーマはそれぞれが独立して存在しているわけではなく、相互に関連し合っている。したがって、何か1つのポイントを変えるならば、それに合わせて別の要素も整合的になるように変化を加えなければならない。例えば、既存事業の先行きに不安があるため、第二創業を行うことを決意したとする。その際には、第二創業する内容に合わせて企業理念の見直しが必要になるかもしれない。組織・人材も第二創業に適した形に改める必要があるだろうし、既存のブランドは第二創業において活かせるのか、新たなブランド戦略を考えるべきなのかという点についても検討しなければならないかもしれない。第二創業に必要な新たな経営資源を獲得するのに、Ｍ＆Ａという手段が適しているかどうかについても考える必要が出てくるだろう。

重要なのは、ＦＢの経営をどのようなシナリオで変えていくべきか、ということをとことん考え抜くことである。本書が、ＦＢの経営を変えるためのシナリオを作るための一助になることを、筆者一同心より願っている。

謝辞

本書を出版するにあたっては、様々な方々にお世話になった。特に、本書におけるケースとして様々なFBを取り上げるにあたり、以下の方々にインタビュー調査ならびにディスカッションなどにご協力をいただくとともに、多くの示唆を与えていただいた。この場を借りて心より感謝の意を表したい（ご所属名50音順）。

・朝日インテック株式会社代表取締役社長　宮田昌彦氏、社長室室長　岩田英二氏
・宇津救命丸株式会社代表取締役社長　宇津善博氏、専務取締役　宇津善行氏
・エンドー鞄株式会社代表取締役社長　遠藤玄一郎氏
・株式会社加藤製作所代表取締役社長　加藤景司氏
・株式会社カワニシホールディングス代表取締役会長　前島智征氏
・静岡県事業引継ぎ支援センター統括責任者　清水至亮氏
・ジャパン・フード&リカー・アライアンス株式会社常勤監査役　佐々木一毅氏、管理本部広報・ＩＲ部部長　馬場康尚氏
・プラス株式会社代表取締役会長　今泉嘉久氏、ジョインテックスカンパニービジネス開発事業部副事業部長　今泉忠久氏

・本多プラス株式会社代表取締役社長　本多孝充氏、社長室室長代理　大村昌詳氏
・松山油脂株式会社

紙幅の関係から、個別にお名前を挙げることはできないが、これまでお付き合いいただいていただいているクライアント企業の方々、そして筆者らの同僚といった多くの方々とのディスカッションが、本書をまとめるにあたってのバックボーンとなっていることは言うまでもない。また、本書の取材調査および執筆活動において、株式会社インクルーシブデザイン・ソリューションズ代表取締役社長　井坂智博氏に多大なるご協力をいただいた。本書の編集をご担当いただいた同文舘出版株式会社の角田貴信氏には、本プロジェクトのスタート当初から、様々な面でお世話になった。同氏の献身的なサポートがなければ、本書が誕生することはなかったであろう。これらの方々に対し、謝意を表したい。

２０１４年12月

矢部謙介
小河光生

《著者紹介》

矢部　謙介（やべ　けんすけ）

1972年栃木県生まれ。中京大学経営学部准教授。1997年、慶應義塾大学大学院経営管理研究科修士課程（MBA）修了。2008年、一橋大学大学院商学研究科博士後期課程修了。博士（商学）。三和総合研究所、ローランド・ベルガーにおける経営コンサルタントとしての勤務などを経て現職。コンサルティング会社勤務時には、ファミリービジネスを含めた幅広い業種の経営戦略構築、新規事業立ち上げ、ビジネス・デューデリジェンスなどのプロジェクトに多数参画。著書に『日本における企業再編の価値向上効果』（同文舘出版、2013年）などがある。
〔執筆担当〕第１章、第２章、第５章、第７章、第８章、第10章。

小河　光生（おがわ　みつお）

1964年東京生まれ。株式会社クレイグ・コンサルティング代表取締役。1987年早稲田大学卒業、自動車関連メーカーを経て、1991年米ピッツバーグ大学経営学修士（MBA）修了。三和総合研究所、PwCコンサルティングで組織変革、組織活性化を専門にコンサルティングを実施。現在、クレイグ・コンサルティングではファミリービジネスの事業承継、後継者育成などを中心に活動中。近著に『ISO26000で経営はこう変わる』（日本経済新聞出版社、2010年）などがある。
〔執筆担当〕第３章、第４章、第６章、第９章。

《検印省略》
平成27年１月31日　初版発行　略称―成功FB

成功しているファミリービジネスは
何をどう変えているのか？

著　者　矢　部　謙　介
　　　　小　河　光　生
発行者　中　島　治　久

発行所　同文舘出版株式会社
東京都千代田区神田神保町1-41　〒101-0051
電話 営業(03)3294-1801　編集(03)3294-1803
振替 00100-8-42935
http://www.dobunkan.co.jp

製版：一企画
印刷・製本：萩原印刷

ISBN 978-4-495-38501-9